Die Reihe wird fortgesetzt.

4848 Seiten Wissen!

Heute schon was Spannendes entdeckt? Tauch ein in die faszinierende Welt von WAS IST WAS ...

WAS IST WAS

Karin Finan

FEUERWEHR

Retter im Einsatz

TESSLOFF

Hier siehst du, wo du bist!

Wo ist was?

Seite 12

Entdecke die Ausrüstung eines Feuerwehrmanns – extragroß und ganz nah!

Seite 6

Nur 90 Sekunden dürfen vergehen vom Notruf bis zum Ausrücken der Feuerwehr.

4 Retter im Einsatz

22 Die Geschichte des Feuerlöschwesens

22 Seite

Eimer statt Löschfahrzeug. Lies nach, wie man Brände im Mittelalter bekämpfte!

Seite **26**

Das Logo der Feuerwehr zeigt die Tätigkeiten: retten, löschen, bergen und schützen.

Ein Total- oder Vollfeuer kann verheerende Folgen haben.

Seite **28**

Die mit ▶ markierten Seiten könnten dich besonders interessieren!

Zu Besuch bei der Jugendfeuerwehr! Komm mit und erfahre, was du bei der Jugendfeuerwehr alles erleben kannst!

Seite **40**

Hier findest du die wichtigsten Begriffe kurz erklärt.

Der große Löschangriff

Ein Wohnhaus in der Stadt steht in Flammen. Das Feuer hat sich schon durch zwei Stockwerke hindurchgefressen. Aber da steht ja noch ein Mann am Fenster! Giftiger Qualm macht ihm das Atmen schwer. Schafft es der Feuerwehrmann im Drehleiterkorb, den Mann aus dem brennenden Haus zu retten?

Auf alles vorbereitet

Vor Ort sitzt jeder Handgriff, denn die Feuerwehr ist auf alles vorbereitet:

1. **Menschen und Tiere retten**
2. **Den Brand löschen**
3. **Gegenstände bergen**
4. **Die Umgebung schützen**

»Retten, löschen, bergen, schützen«, das ist das Motto der Feuerwehr! Schlagkräftige Organisation, Mut und gekonnter Umgang mit der Technik sind der Schlüssel dazu, dass dieser Löschangriff gelingt.

1: Löschzug

Die Feuerwehr ist mit einem Löschzug angerückt. Der Löschzug besteht aus dem Einsatzleitwagen, zwei Löschgruppenfahrzeugen und einem Drehleiterwagen. Die Einsatzleitstelle hat gleich noch einen Rettungswagen für Verletzte mit angefordert.

Die Winkerkelle warnt Verkehrsteilnehmer.

14: Einsatzleiter

Der Einsatzleiter am Leitfahrzeug leitet den Einsatz. Er stimmt sich über Funk mit der Einsatzzentrale ab. Der Einsatzleiter ist für den Einsatz verantwortlich und befehligt die Gruppenführer.

13: Überdrucklüfter

Ein Trupp macht den Überdrucklüfter klar, der den giftigen Rauch ins Freie drücken wird. Er arbeitet wie ein kraftvoller Ventilator.

2 und 3: Personenrettung

Im Einsatz arbeiten die Feuerwehrleute paarweise in Trupps. Während ein Truppmann (2) den gefährdeten Hausbewohner über das Megafon beruhigt, steuert sein Partner (3) im Rettungskorb das Fenster an. Die Drehleiter ist der einzige Rettungsweg für den Mann.

4, 5, 6, 7: Angriffstrupp

Drei Angriffstrupps bekämpfen das Feuer an vorderster Front. Der Angriffstrupp A (4) dringt mit Atemschutzausrüstung ins Haus ein. Sein Schlauch (5) ist in Buchten gelegt, damit er bis zum Brandherd im Inneren des Hauses reicht und sich gleichmäßig entfalten kann. Angriffstrupp B (7) löscht von außen durch das Fenster im ersten Stock. Der Truppmann sichert die Steckleiter. Der Angriffstrupp C (6) bekämpft den Brand im Erdgeschoss ebenfalls von außen.

8: Atemschutzgeräte

Ein weiterer Trupp legt Atemschutzgeräte für den Einsatz im Haus an.

9: Wassertrupp

Der Wassertrupp hat die Leitungen vom Hydranten zur Kreiselpumpe hergestellt. Ein Feuerwehrmann trägt den Hydrantenschlüssel über der Schulter, der andere hält die Sicherungsfahne.

10, 11, 12: Schlauchtrupp

Ein Truppmann schließt jeden Schlauch am Verteiler (10) an. Der Maschinist überwacht die Schlauchkupplung (11). Damit der Löschwasserstrahl die Flammen erreicht, braucht er hohen Druck. Den erzeugt eine Kreiselpumpe, die der Fahrzeugmotor antreibt. Ein Feuerwehrmann bringt einen Schlauchtragekorb (12) mit zusätzlichen Schläuchen.

Vom Alarm bis zum Brandort – entscheidende Minuten

➔ Rekord

90 s

Wenn es brennt, zählt jede Minute. Nur 90 Sekunden vergehen von der Bereitschaft bis zum Ausrücken eines Löschzugs.

Vom Ruheraum direkt in die Fahrzeughalle.

Ein Notarzt von der Rettungswache.

Das Löschgruppenfahrzeug (LF): Platz für neun Leute.

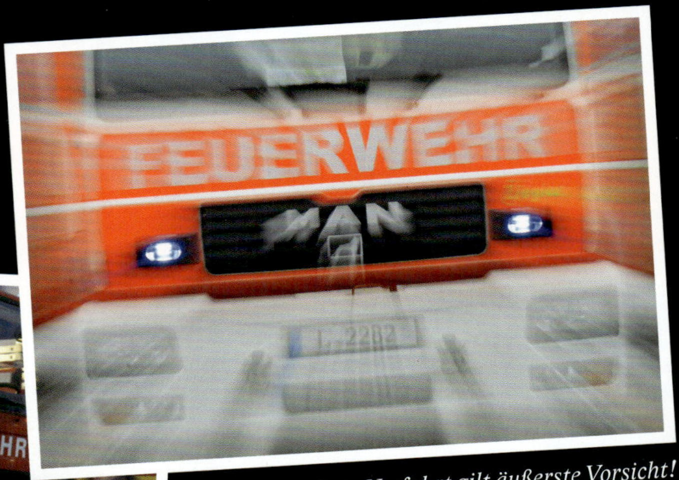

Trotz Vorfahrt gilt äußerste Vorsicht!

Reinspringen und loslaufen

So steht die persönliche Schutzkleidung bereit. Hose hoch, Reißverschluss. Fertig. Jetzt noch Jacke und Helm.

Wie wird aus einem Notruf ein Alarm?

Der Brand im Wohnhaus konnte sich ungehindert ausbreiten. Wertvolle Minuten sind verloren gegangen, weil der Notruf unvollständig und ungenau an die 112 durchgegeben wurde. So darf ein Notruf auf keinen Fall ablaufen:

»Hallo, hier brennt's. Schicken Sie sofort einen Wagen!«
»Wer spricht bitte? Wo brennt es?«
»Ist doch egal. Einen Wagen!«
»Bitte versuchen Sie, sich zu beruhigen, und sagen Sie mir jetzt, wo es brennt.«
»In der Stadt, hier, in einem Wohnhaus im zweiten Stock. Straßenname muss ich erst gucken.«
»Fragen Sie einen Passanten.«
»Keiner da. Oder? Moment, ich schau mal ...«
»Gibt es Verletzte?«
»Seh' ich nicht. Aber da steht einer auf dem Balkon. Ach ja, Nelkenstraße, da wo der Rauch aufsteigt, sieht man ja. Also Tschüss dann.«

Mit den **5 W-Fragen** kannst du dir einprägen, wie du einen Notruf richtig absetzt:

1. **Wo ist etwas geschehen?**
2. **Was ist geschehen?**
3. **Wie viele Personen sind betroffen?**
4. **Welche Art der Verletzung liegt vor?**
5. **Warten auf Rückfragen!**

Alarm-schreiben

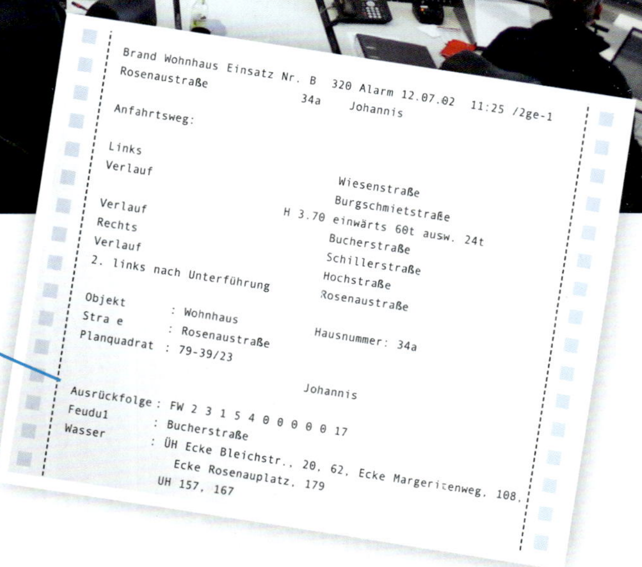

Brand Wohnhaus Einsatz Nr. B 320 Alarm 12.07.02 11:25 /2ge-1
Rosenaustraße 34a Johannis
Anfahrtsweg:

Links
Verlauf Wiesenstraße
Burgschmietstraße
Verlauf H 3.70 einwärts 60t ausw. 24t
Rechts Bucherstraße
Verlauf Schillerstraße
2. links nach Unterführung Hochstraße
Rosenaustraße

Objekt : Wohnhaus
Stra e : Rosenaustraße Hausnummer: 34a
Planquadrat : 79-39/23

Johannis
Ausrückfolge : FW 2 3 1 5 4 0 0 0 0 0 17
Feudul : Bucherstraße
Wasser : ÜH Ecke Bleichstr., 20, 62, Ecke Margeritenweg, 108,
Ecke Rosenauplatz, 179
UH 157, 167

So arbeitet eine Einsatzleitstelle

Lagebesprechung im Einsatzleitwagen.

Jede Einsatzleitstelle ist rund um die Uhr besetzt. Wie ein Gehirn ordnet sie jedem Notfall die notwendigen Mittel und Kräfte zu. In den Leitrechner sind Alarmpläne eingespeist, die festlegen, welche Maßnahmen bei jeder der sieben Alarmstufen ergriffen werden müssen. Außerdem sind rund 400 Stichpunkte abgespeichert, die einen Einsatz von Fahrzeugen und spezieller Ausrüstung automatisch kombinieren. Der Einsatzleitrechner besteht aus zwei gleichen Systemen. So kann jedes das andere ersetzen, wenn mal eines ausfällt.

Für ein brennendes Haus würde die Einsatzleitstelle zum Beispiel einen Löschzug mit einem Einsatzleitwagen, eine Drehleiter mit Rettungskorb, zwei Löschgruppenfahrzeuge und einen Rettungswagen anfordern. Ist eine Leitstelle nur für die Feuerwehr zuständig, heißt sie Feuerwehrleitstelle. Fordert sie auch Rettungswagen, Rettungshubschrauber, Polizei und Katastrophenschutz an, ist es eine Integrierte Leitstelle. Brandmeldeanlagen von Tiefgaragen, Hotels oder Schulen sind oft direkt mit der Leitstelle verbunden.

Was macht ein Disponent?

Der Disponent, also der Beamte, der Notrufe entgegennimmt und die Einsatzkräfte einteilt, setzt Feuerwehr und Rettungskräfte so schnell wie möglich in Bewegung. Er gibt die Angaben noch während des Gesprächs in eine Notrufannahmemaske ein. Der Computer der Leitstelle errechnet mithilfe der Alarmpläne blitzschnell einen Einsatzvorschlag und zeigt die Route zum Einsatzort an. Der Beamte löst nun die Alarmierung in der zuständigen Feuerwache aus. Das satellitengestützte Ortungssystem GPS (Global Positioning System) unterstützt dabei, die Fahrzeuge ohne Umwege an den Einsatzort zu lotsen. Um die Anfahrt zu beschleunigen, kann der Leitstellenrechner die Ampeln auf Grün schalten, wenn es notwendig ist.

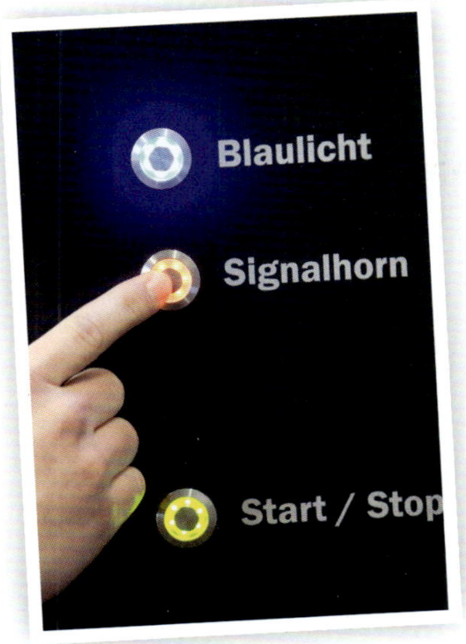

Freie Fahrt gilt nur, wenn Blaulicht und Signalhorn eingeschaltet sind.

Gleichzeitig auf der Feuerwache

In allen Räumen der Feuerwache blinkt das Alarmlicht und ein lauter Gong ertönt. Automatisch öffnen sich die Tore der Fahrzeughallen.

Während die Feuerwehrleute in ihre Schutzkleidung springen, stellt der Einsatzleitrechner das Alarmschreiben zusammen. Es zeigt den ausrückenden Feuerwehrleuten die Adresse des Einsatzortes, beschreibt die Anfahrt und weist auf Hydranten, Rettungs- und Fluchtwege hin. Der Alarmdrucker in der Fahrzeughalle der Feuerwache druckt für jedes beteiligte Fahrzeug automatisch ein Alarmschreiben aus. Jetzt rücken die Löschzüge aus!

Angeberwissen

Die Feuerwehr unterscheidet sieben Alarmstufen.
Kleinbrand: Kraftfahrzeug, Mülltonne, Rauchentwicklung
Mittelbrand: Zimmer, mehrere Pkw, Lkw, Gebäude, kleiner Waldbrand
Großbrand: Tankzug, Industrieanlage, Bauernhof, großer Waldbrand
kleinere Technische Hilfeleistung (THL): Ölspur, Tierrettung, Wespennest entfernen, Suchaktion
mittlere THL: Verkehrsunfall mit eingeklemmter Person
größere THL: Massenunfall, Zugunfall, Explosion, Hauseinsturz, Flugzeugabsturz
Katastrophenalarm: Chemieunfall, Gasaustritt, radioaktive Stoffe

Fehlalarme

Integrierte Leitstellen in Städten wie München oder Hamburg nehmen täglich über 1 700 Notrufe entgegen. Darunter sind auch »böswillige Fehlalarme«. Die sind jedoch kein Jux: Der Missbrauch von Notrufanlagen kann mit einer Freiheitsstrafe bis zu einem Jahr bestraft werden. Zu Fehlalarmen kommt es auch durch zu empfindlich eingestellte Brand- und Rauchmelder. Das lässt sich schlecht vermeiden, denn Rauchmelder müssen eine »feine Nase« haben.

Feuer und Flamme

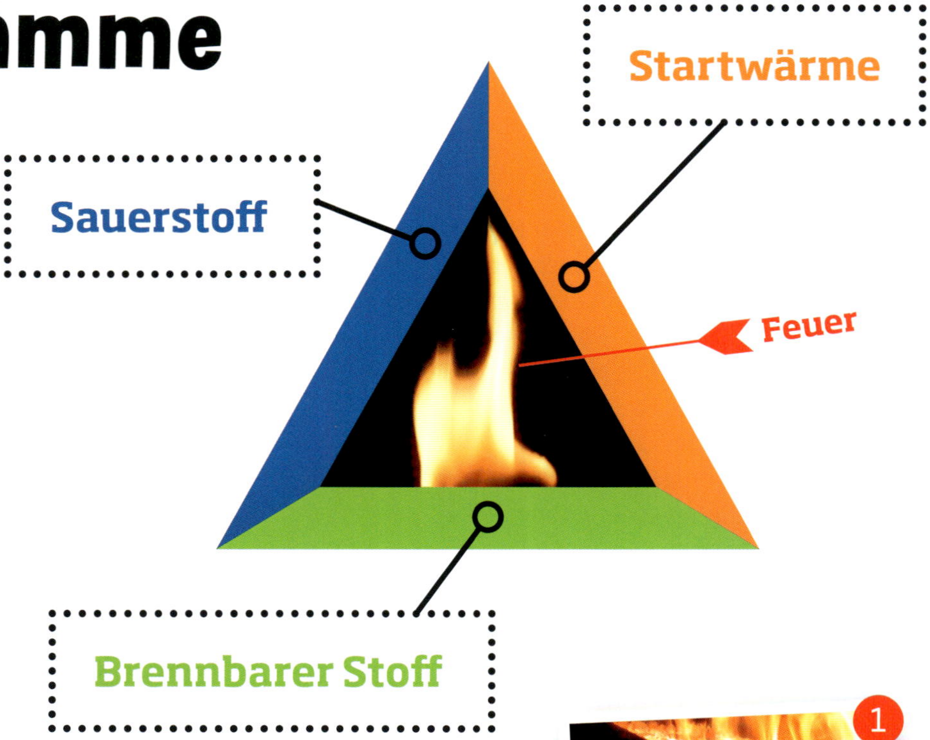

Wir hantieren ständig mit Feuer, seit vielen Jahrtausenden spendet es uns Licht und Wärme. In jedem Ofen oder Heizbrenner läuft eine kontrollierte Verbrennung ab. Hier sprechen wir von einem Nutzfeuer. Die Feuerwehr brauchen wir, wenn ein Feuer außer Kontrolle gerät und Leben und Sachen zerstört. Dann sprechen wir von einem Schadenfeuer oder Brand.

Urelemente und das Phlogiston

Sehr lange hielt man Feuer für eines der vier Grundelemente: Wasser, Luft, Erde, Feuer. Im Denken der mittelalterlichen Alchemie setzte sich aus diesen Urelementen die ganze Welt zusammen.
Im 17. Jahrhundert hielt man es dann für erwiesen, dass es eine Substanz gäbe, die allen brennbaren Stoffen bei der Verbrennung entweicht und bei der Erwärmung zugeführt wird. Das Phlogiston – es war jedoch ein wissenschaftlicher Irrtum. Bereits der irische Chemiker und Naturphilosoph Robert Boyle bezweifelte die Phlogiston-Lehre. 1660 sperrte er eine Maus zusammen mit einer brennenden Kerze in eine luftdichte Kammer. Und tatsächlich: Die Maus starb im selben Augenblick, in dem die Kerze erlosch. Der Chemiker Antoine Lavoisier fand 1775 endgültig heraus, dass Verbrennen heißt, dass Sauerstoff aus der Luft aufgenommen wird. Wenn ein Stoff brennt, wird er umgewandelt und erzeugt neue Stoffe.

Wie läuft eine Verbrennung ab?

Entwickeln sich bei einer Verbrennung Licht und Wärme oder auch Flammen, dann nennt man sie Feuer. Im Verbrennungsdreieck siehst du, was Feuer zum Brennen braucht: einen brennbaren Stoff, Sauerstoff und Startwärme. Als Brennstoffe für Nutzfeuer verwenden wir meist Kohle und Erdöl, im Haus auch Holz, Papier und Pappe. Diese Materialien bestehen überwiegend aus Kohlenstoff und Wasserstoff. Verbrennungen, bei denen Temperatur und Druck schlagartig ansteigen, bezeichnet man als Explosionen. Ohne Sauerstoffzufuhr erstickt ein Feuer; um eines zu entzünden, benötigt es Aktivierungsenergie. Jeder Brennstoff hat seine eigene Zündtemperatur, die man auf unterschiedliche Weise erzeugen kann, zum Beispiel durch Funkenschlag, einen Streichholzkopf, einen glühenden Draht oder eine heiße Herdplatte. Die Entzündung löst den Verbrennungsprozess wie eine Kettenreaktion aus. Es zerfallen zunächst einige Moleküle, also winzige Teilchen des Brennstoffs, indem sie mit dem Luftsauerstoff reagieren. Dabei wird so viel Energie frei, dass ein Molekül nach dem anderen zerbricht. Das Feuer brennt nun von selbst weiter und breitet sich aus.

Brennstoffe
Feste Brennstoffe verbrennen mit Flamme und Glut (1). Metalle glühen nur, ohne Flamme (2). Gase zeigen eine Flamme, aber keine Glut (3).

Der Flashover

Flashover-Übung

Flammenwand an der Decke.

Eine gefürchtete Brandphase ist der Flashover (Durchzündung), die schlagartige Ausdehnung eines Feuers. Bei einem Flashover steigt die Raumtemperatur auf 500 bis 600 Grad Celsius an. Flammen schlagen durch Türen und Fenster. Wie kommt es dazu? Zuerst brennen die leicht entflammbaren Gegenstände, zum Beispiel Holzmöbel. Der entstehende Rauch sammelt sich an der Zimmerdecke und strahlt Wärme auf das gesamte Zimmer zurück. Es wird unerträglich heiß. Alle Materialoberflächen im Raum erreichen nun ihre eigene Zündtemperatur. Sie entzünden sich schlagartig selbst. Nun lodert ein Vollbrand mit 1 000 Grad Celsius! Nicht einmal mit Schutzkleidung kann ein Mensch in diesem Brandstadium überleben. Ein Flashover muss durch Abkühlung daher unbedingt verhindert werden!

Tödliche Gefahr

So gefährlich die heißen Flammen bei einem Gebäudebrand auch sind, weit mehr Todesopfer fordern die giftigen Rauchgase, die bei einem Brand rasch in großen Mengen entstehen. Rund 600 Brandopfer gibt es in Deutschland jedes Jahr, 570 davon sterben an einer Rauchvergiftung. Wenn Holz verbrennt, entstehen Kohlendioxid und Kohlenmonoxid. Allein daran kann man ersticken. Noch viel giftiger sind aber die Rauchgase, die brennende Kunststoffe wie PVC, Schaumstoff oder Kleber freisetzen. Man zählt rund 5 000 giftige Bestandteile. Der Rauch aus 100 Gramm Kunststoff, zum Beispiel einer PC-Tastatur, genügt, um die Luft in einer 4-Zimmer-Wohnung zu vergiften.

So schnell breitet sich Rauch aus.

Schutzkleidung

vom Scheitel bis zur Sohle

Auch bei der Jugendfeuerwehr (JF) gibt es Schutzhelme.

Sichtbarkeit

Die Überjacke in Signalfarbe trägt den Aufdruck »Feuerwehr«. Fluoreszierende Streifen leuchten im Dunkeln. Auch der Helm fluoresziert, da am Brandort meist schlechte Sicht herrscht.

Helm

Jeder Helm hat einen Nackenschutz aus Leder.

Pressluftatmer

1 600 Liter Pressluft reichen für etwa 40 bis 60 Minuten. Geht der Luftvorrat zur Neige, ertönt ein Warnsignal.

→ Rekord

25 kg

wiegen Pressluftatmer und Schutzanzug zusammen.

Totmannwarner

Sollte der Feuerwehrmann selbst in Gefahr geraten, hilft der Totmannwarner. Er gibt ein Piepsignal aus, sobald sich der Feuerwehrmann längere Zeit nicht bewegt.

Handschuhe

Handschuhe aus robustem Material schützen vor Hitze und Verletzungen.

Stress im Einsatz

Die Schutzkleidung hält nicht nur die Hitze von außen ab, sondern wärmt auch den Körper. Die extreme Belastung im Einsatz treibt den Puls auf 200 Schläge pro Minute hoch. Miss deinen eigenen Ruhepuls, während du liest, dann kannst du dir vorstellen, wie viel das Herz eines Feuerwehrmanns im Einsatz leisten muss.

Kombi-Leinenbeutel

Die Feuerwehrleine, eine Rettungsschlinge mit Karabinerhaken sowie Holzkeile zum Offenhalten von Türen sind im Kombi-Leinenbeutel verstaut.

Schutzanzug

Ein Hightech-Schutzanzug besteht aus drei Schichten. Die äußere Schicht aus Aramidfaser ist nicht brennbar. Aramid wird auch für kugelsichere Westen verwendet. Darunter liegt eine Luftpolsterschicht, die mit Kügelchen gefüllt ist. Die große Oberfläche, die durch die Kügelchen entsteht, fängt einige Hundert Grad Hitze ab. Die innere Schicht leitet Feuchtigkeit nach außen, denn der Feuerwehrmann schwitzt sehr stark.

Hose

Die Schutzhose wird über den Stiefeln getragen, damit nichts in die Stiefel hineinfallen oder -fließen kann.

Spezialstiefel

Stahlkappen schützen vor herunterfallenden Gegenständen. Edelstahl in der Schuhsohle sorgt dafür, dass keine Nägel die Sohle durchdringen können.

Zukunftsmusik: intelligente Schutzkleidung

Wie ortet man einen Feuerwehrmann in einem verqualmten Hochhaus? Das GPS funktioniert nur im Freien, aber ein Minisensor im Stiefelabsatz könnte laufend in 3-D die Position des Feuerwehrmanns ermitteln. Navigationsbrillen leiten die Retter sicher durch dunkle, verrauchte Räume, in denen sie sich sonst nicht orientieren könnten. Ein Hightech-Handschuh mit Sendern und Sensoren wird unter dem Feuerwehrhandschuh getragen. Er meldet durch unterschiedliche Vibrationen, wie heiß es hinter Türen ist. Der Feuerwehrmann kann der Einsatzleitung außerdem aktiv durch Schlagzeichen mitteilen, worauf er stößt.

An der Universität Bremen entwickelt ein Forscherteam solche clevere Kleidung.

So löscht die Feuerwehr

Theoretisch ist es ganz einfach, ein Feuer zu löschen. Fällt eine der drei Seiten des Verbrennungsdreiecks weg, dann hört es auf zu brennen. Das heißt, wenn man einem Feuer den Brennstoff entzieht, hat es kein »Futter« mehr. Das Feuer erlischt. Ohne Sauerstoff keine Verbrennung – das Feuer erstickt. Kühlt man es mit Wasser ab, so verliert es Wärmeenergie; die notwendige Brenntemperatur ist nicht mehr gegeben und das Feuer ist gelöscht. In der Praxis ist das Feuerlöschen aber oft ganz und gar nicht einfach. Deshalb hat die Feuerwehr ausgefeilte Taktiken entwickelt, um Brände zu bekämpfen. Die meisten Brände werden durch Abkühlen oder Ersticken gelöscht.

Angeberwissen

- Glut wird abgekühlt, Flammen werden erstickt. Ein weiterer Löscheffekt ist die Inhibition (Hemmung), bei der Löschmittel mit dem brennenden Stoff chemisch oder physikalisch reagieren.

Fahrzeuge im Löschzug

Ein Löschzug besteht aus mindestens drei Fahrzeugen mit Mannschaft, zum Beispiel Löschfahrzeug (LF), Drehleiterfahrzeug (DLK) und Rettungswagen (RTW). Der Einsatzleitwagen (ELW) und ein zweites Löschfahrzeug ergänzen den Löschzug je nach Bedarf. Auf die fünf Fahrzeuge sind 22 Feuerwehrleute verteilt.

Was macht eine Löschgruppe?

Feuerwehr bedeutet immer Teamarbeit. Jeder Feuerwehrmann hat in der Grundausbildung geübt, die Aufgaben des anderen zu übernehmen. Die neunköpfige Löschgruppe besteht aus einem Maschinisten, einem Melder, drei Trupps mit je zwei Mann (Truppführer und Truppmann) und dem Gruppenführer. Der Maschinist bedient die Maschinen im Wagen und fährt das Löschfahrzeug. Der Melder unterstützt den Maschinisten und den Schlauchtrupp. Der Wassertrupp stellt das Löschwasser bereit. Er nimmt den Hydranten in Betrieb und richtet die Schlauchleitung zur Kreiselpumpe am Löschfahrzeug ein. Gleichzeitig montiert der Schlauchtrupp den Verteiler und legt die Schläuche vom Löschfahrzeug zur Brandstelle. Der Angriffstrupp dringt in das brennende Gebäude ein, löscht mit dem passenden Strahlrohr das Feuer und sucht nach Personen.

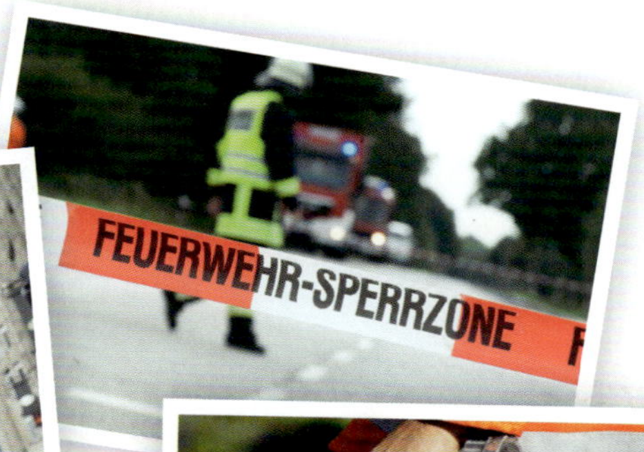

Die Kupplungen sind an allen Druckschläuchen gleich groß, damit sie immer passen.

Hilfeleistungs-löschgruppenfahrzeug

Das HLF ist das Fahrzeug für den Erstangriff, ob Wohnungs-, Pkw- oder andere Brände. Es ist für einfache technische Hilfeleistungen ausgerüstet. Alles, was auf dem Boden liegt, plus die neun Feuerwehrmänner finden im HLF Platz!

1: Tragbarer Stromerzeuger

Er versorgt elektrische Geräte wie Flutlichtstrahler, Trennschleifer, Motorpumpen und hydraulische Rettungsgeräte.

2000
Liter Löschwasser fasst der Fahrzeugtank.

2: Motorsäge

Nach Unwettern müssen umgestürzte Bäume mit der Motorsäge zerkleinert werden.

3, 4, 5: Saugschlauch, Zumischer, Schlauchkorb

Die vier formstabilen Saugschläuche können gekoppelt werden. Sie dienen zur Wasserentnahme aus offenen Gewässern wie Seen oder Flüssen. Diese unerschöpflichen Wasserquellen werden bei großen Bränden benutzt.
Der Zumischer mischt dem Löschwasser Schaummittel zu. Dabei entsteht sogenanntes Netzwasser.
In den Schlauchkörben aus leichtem Aluminium liegen gefaltete, gereinigte und auf Dichtheit geprüfte Druckschläuche.

Hydrantenstandrohr

Verbindungsstück zwischen Unterflurhydrant und Schlauch.

Powermoon

Der Leuchtballon spendet blendfreies, tageslichtähnliches Licht.

6: Hydraulischer Rettungssatz

Schneidet und biegt Metall – sehr wichtig für Einsätze, bei denen Menschen in Autowracks eingeklemmt wurden.

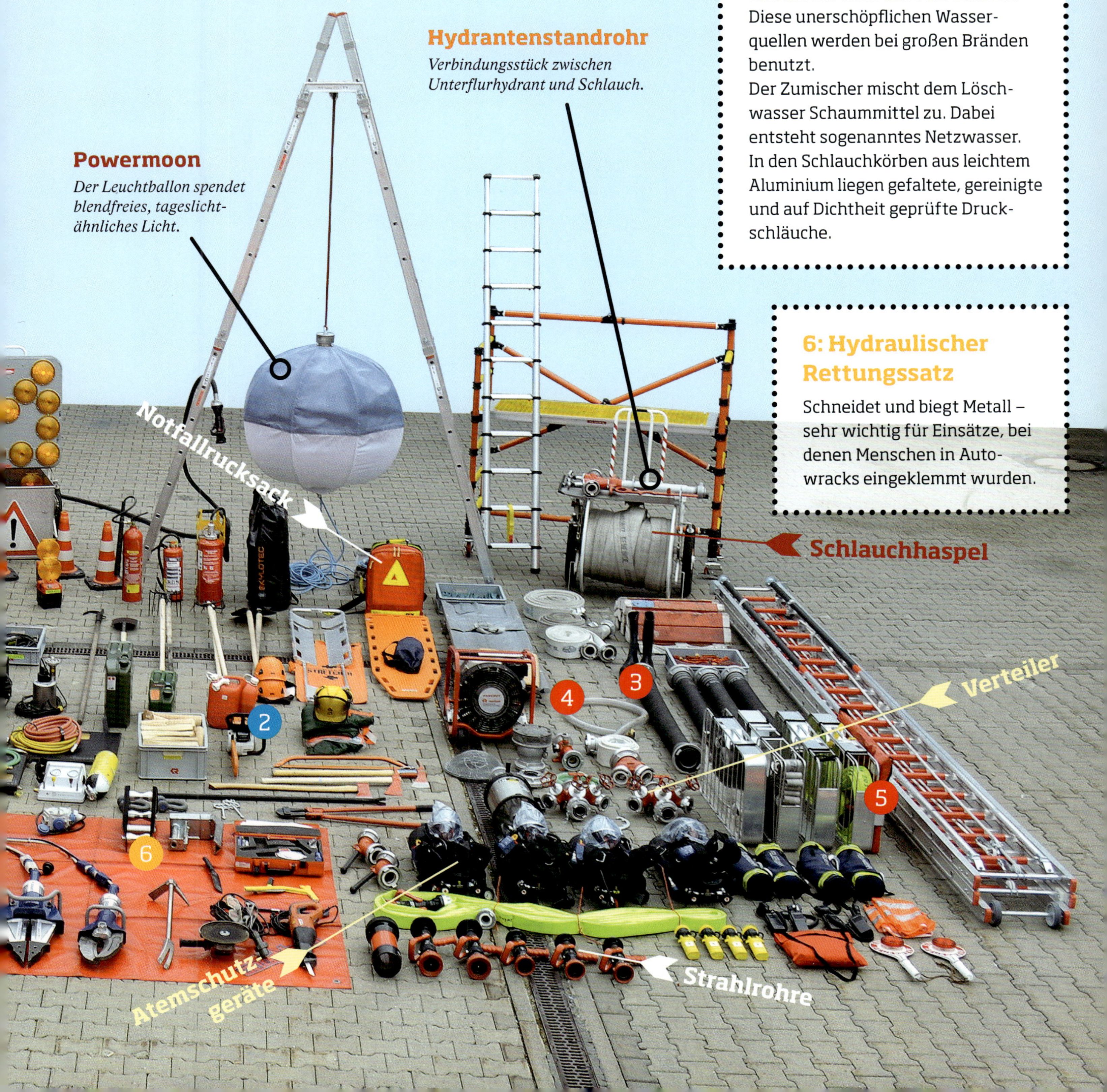

Hoch hinaus mit der Drehleiter

Sie ist der heimliche Star und der lange Arm der Feuerwehr: die Drehleiter. Als Arbeitsbühne für die Feuerwehrleute, als Fluchtweg und als Krankentrage für Eingeschlossene tut sie seit 1802 ihre Dienste. Sie ermöglicht den Löschangriff von oben und außen, vorausgesetzt der Schlauch ist mindestens so lang wie die ausgefahrene Leiter. Scheinwerfer und Lüfter werden oft an Drehleitern befestigt, um Einblick in verrauchte Gebäude zu bekommen.
Eine Drehleiter lässt sich um 360 Grad, also ganz rundum schwenken. Der Maschinist bedient sie von einem Steuerstand aus.
Weitere Steuerelemente können im Rettungskorb eingebaut sein. Senkrechte, waagrechte und schräge Standsicherungen am Drehleiterfahrzeug halten die ausgefahrene Leiter stabil. Die Leiterbewegungen sind hydraulisch, mechanisch und elektrisch abgesichert. Bei einer Rettungshöhe von bis zu 32 Metern (9. Obergeschoss) ist optimale Stabilität unerlässlich! Drehleitern gibt es ohne (DL) und mit Rettungskorb (DLK).

Bis ans Ziel

Wenn die Drehleiter (Mitte) nicht bis zu einem Rettungsbedürftigen reicht, hilft ein ausfahrbarer Teleskopmast (rechts) oder ein Teleskopgelenkmast (links) weiter. Das abknickbare Mastelement an der Spitze lässt sich auch auf engstem Raum manövrieren.

DL-Codes

Auf das Kürzel DL oder DLK folgen immer vier Zahlen. Sie geben die Rettungshöhe und die Ausladung an. Ein DLK 18–12 bezeichnet zum Beispiel eine Drehleiter mit einem Rettungskorb, die eine Rettungshöhe von 18 Metern bei einer Ausladung von 12 Metern bewerkstelligen kann. Computergesteuerte Drehleitern haben das zusätzliche Kürzel CC (computer-controlled).

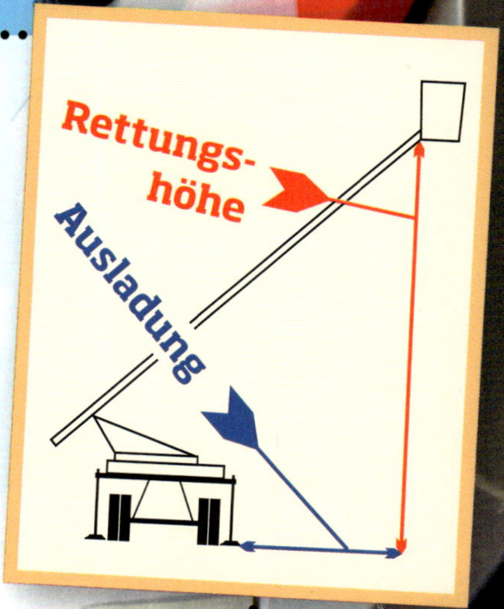

Sprungpolster sind Lebensretter.

Sicher gelandet! Ein Sprungpolster ist 3,50 Meter lang und breit und 1,70 Meter hoch.

Der allerletzte Ausweg: das Sprungpolster!

Früher verwendete man ein Sprungtuch, wenn eine Person aus einem brennenden Haus springen sollte. Dies war jedoch für den Springenden ebenso gefährlich wie für die mindestens 16 Feuerwehrleute, die das Sprungtuch halten mussten. Sicherer und weniger umständlich ist das moderne Sprungpolster. Zwei Mann können es an Ort und Stelle bringen und innerhalb von 60 Sekunden mit Pressluft aufrichten. Beim Aufprall entweicht ein Teil der Luft durch seitliche Öffnungen. Dies verhindert einen Trampolineffekt und mildert die Wucht des Aufpralls. Ein Sprungpolster kann einen Sprung aus 16 Metern Höhe abfangen.

Wie Spiderman – die Höhenrettung

Manchmal reichen weder Drehleiter noch Teleskopmast bis zum Unglücksort. Dann werden die Höhenretter mit ihrer Spezialausrüstung aus der Bergrettung aktiv. Erleidet zum Beispiel ein Kranführer einen Schlaganfall, so holt ihn ein Höhenretter. Auch Baugerüste, Kamine, Brücken, Starkstrommasten und Hochhäuser gehören zu den Einsatzorten in luftiger Höhe.

Ob an der Bergwand oder der Hauswand: Abseilen will gelernt sein.

Auffanggurte umschließen Brust, Schulter und Becken.

Rettungsschlauch

Mit einem Rutsch in Sicherheit. Wie auf einer Wendeltreppe können acht bis zehn Menschen pro Minute durch das spiralförmige Innere des schwer entflammbaren Schlauchs rutschen.

Wie kommt das Wasser in den Schlauch?

Mit dem roten Drehrad wird zwischen Voll- und Sprühstrahl gewechselt.

Unten: Das Standrohr ist auf dem Unterflurhydranten installiert.

In Städten und Gemeinden ist das Trinkwassernetz zugleich Löschwassernetz. Um das Wasser zu entnehmen, gibt es Hydranten – in geschlossenen Ortschaften etwa alle 100 Meter! Es gibt Unterflurhydranten unter der Erde und Überflurhydranten über der Erde. Die Unterflurhydranten befinden sich unter eisernen Straßenkappen, die eben in die Straße eingebaut sind. Sie sind kostengünstig und behindern den Verkehr nicht. Sie können aber von Autos zugeparkt oder im Winter von Schnee und Eis bedeckt werden. Daher gibt es Hinweisschilder, die auf einen Unterflurhydranten hinweisen. Um an das Löschwasser zu gelangen, braucht die Feuerwehr ein Standrohr. Überflurhydranten kann man dagegen gut finden und rasch in Betrieb nehmen. Löschwasser muss aber nicht aus dem Trinkwassernetz kommen. Es kann auch in unterirdischen Löschwasserbehältern oder -brunnen vorrätig gehalten werden. Diese müssen für mindestens drei Stunden Löschen genügend Wasser liefern. Auch Teiche, Seen oder Flüsse dienen im Notfall als Löschwasserquelle. In diesem Fall saugt die Feuerlöschkreiselpumpe das Wasser an und drückt es in die Schläuche.

1. 7 Meter nach hinten
2. 2,5 Meter nach rechts
3. Durchmesser der Leitung

Hinweisschilder: (k)eine Schnitzeljagd

Die Feuerwehr hat im Einsatz natürlich keine Zeit, Hydranten zu suchen. Sie stützt sich auf die Hydrantenverzeichnisse der Städte und Gemeinden, die im Navigationssystem der Löschfahrzeuge eingespeist sind. Und dann sind da noch diese weißen, rot umrandeten Schildchen, die du bestimmt schon einmal gesehen hast. Sie geben ganz genau den Standort des nächsten Unterflurhydranten an – und den Durchmesser der Rohrleitung. Das ist wichtig, um die Wassermenge richtig abzuschätzen.

Saugschlauch, Tragkraftspritze und Druckschläuche werden gekoppelt.

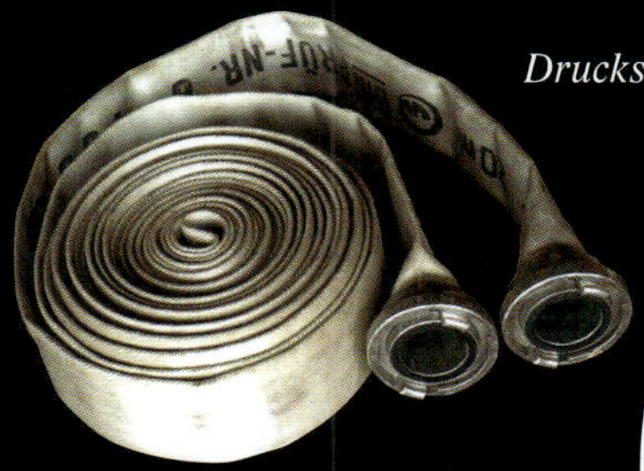

Druckschlauch

Saugschläuche

Dieser Feuerwehrmann bewässert ein trockenes Feld mit dem feinen Sprühnebel aus dem Hohlstrahlrohr.

Wasser marsch!

Feuerwehr ohne Schlauch? Unvorstellbar! Feuerwehrschläuche bestehen heute aus Kunstfasern und sind innen gummiert. Die Schlauchformen richten sich nach den Aufgaben der Schläuche. Druckschläuche sind flach und entfalten sich, wenn Wasser mit viel Druck durch sie hindurchschießt. Saugschläuche saugen Wasser aus offenen Gewässern an. Sie sind biegsam. Die Wassermenge muss bei einem Löschangriff immer gut dosiert sein, denn 1 000 Liter Wasser wiegen eine Tonne! Eine solche Last kann ein von den Flammen angegriffenes Gebäude weiter schwächen. Es gibt daher verschiedene Schlauchdurchmesser vom A-Schlauch (110 Millimeter) über B- und C- bis hin zum D-Schlauch (25 Millimeter).
Die Wasserleitung steht! Nun ruft der Angriffstruppmann dem Maschinisten zu: »Wasser marsch!« Stellt er nun den Hebel am Strahlrohr nach vorne, schießt ein Vollstrahl mit hohem Druck aus der Düse, stellt er ihn nach hinten, stoppt der Wasserfluss.

Kleines Löschmittel-Abc

Das wichtigste Löschmittel ist Wasser. Es hat viele Vorteile: Es kann bei den meisten Bränden eingesetzt werden, ist reichlich vorhanden und günstig. Im Feuer verdampft ein Liter Wasser schlagartig zu 1 700 Litern Dampf und entzieht den Flammen so Energie. Das Wasser kühlt den Brand also ab.
Löschschaum erstickt das Feuer dagegen, weil er sich als luftundurchlässige Schicht darüberlegt. Der Wasseranteil im Schaum wirkt zusätzlich abkühlend. Flüssigkeitsbrände (zum Beispiel Benzin) werden häufig mit Löschschaum bekämpft.
Löschpulver eignet sich zum Löschen von brennenden Flüssigkeiten oder Gasen und Metallbränden. Es wird aus einem Druckbehälter auf den Brandherd gesprüht. Auch Handfeuerlöscher sind mit Löschpulver gefüllt. Es besteht aus fein vermahlenen Chemikalien, die nach dem Einsatz als Sonderabfall entsorgt werden müssen.

Im Schaumrohr wird ein Gemisch aus Wasser und Schaummittel mit Luft versetzt.

Vom Eimer zur Spritze

Dank moderner Pumpen schießen heute 100 bis 200 Liter Wasser pro Minute in hohem Bogen aus einem C-Schlauch. Zum Vergleich: In eine Badewanne passen 140 Liter. Fahrzeuge, Drehleitern, Schutzkleidung und Atemschutz ermöglichen Löschangriffe, von denen man früher nur träumen konnte.

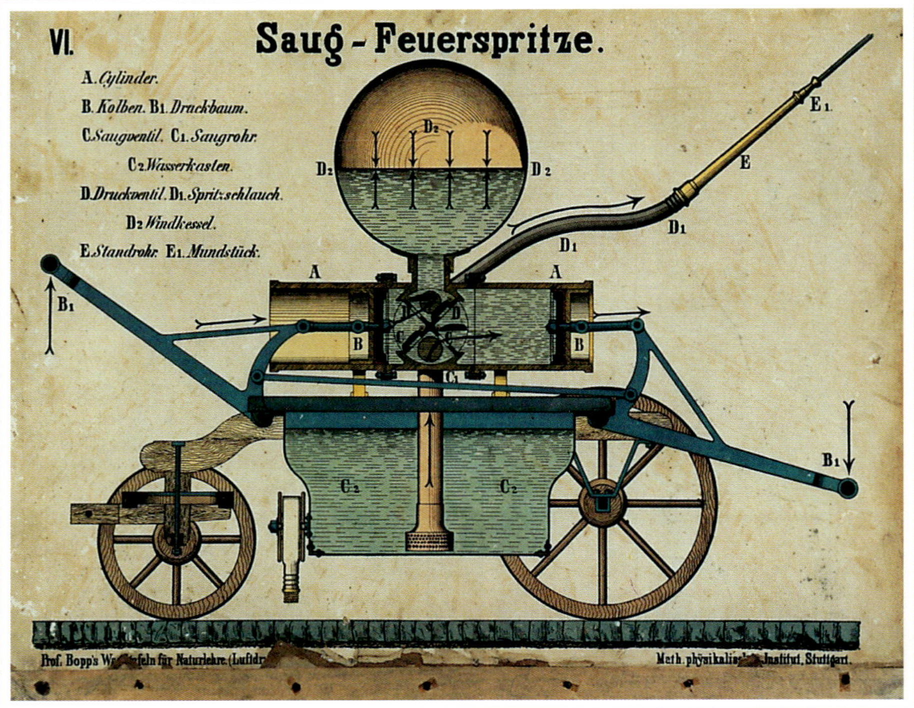

Diese Saugfeuerspritze aus dem 19. Jahrhundert war schon in der Lage, Wasser gezielt auf einen Brandherd abzugeben. Es musste aber von Hand gepumpt werden.

Wie löschte man früher Brände?

Bevor es Verbrennungsmotoren gab, wurden sogenannte Feuerspritzen mit Muskel- oder Dampfkraft betrieben. Mit einer Feuerspritze konnte man immerhin – im Gegensatz zum Löscheimer – einen Wasserstrahl gezielt auf einen bestimmten Punkt richten. Zunächst gab es nur Handdruckspritzen. Sie waren bis etwa 1750 verbreitet. Gut 100 Jahre später waren die meisten Feuerwehren dann mit Dampffeuerspritzen ausgerüstet.

»Heiliger Sankt Florian, verschon mein Haus, zünd andere an.«

Alte Redensart.

Schon gewusst?

Sankt Florian heißt der Schutzpatron der Feuerwehr und gegen Feuersnot. Er lebte um 300 im heutigen Oberösterreich. Am 4. Mai, dem Florianitag, finden bis heute vielerorts Feuerwehrumzüge statt.

Jeder Stadtbürger war verpflichtet, sich in die Eimerkette einzureihen.

Feuer in der Stadt

Die Gründung von Feuerwehren war immer eng mit der Entstehung von größeren Städten verknüpft. Wo Häuser dicht gedrängt standen und nur Feuer Licht und Wärme spendete, kam es häufiger zu Bränden. Nicht wenige Brände brachen auch durch Brandschatzungen in Kriegen, Blitzschlag und Brandstiftung aus.

Hut ab vor den alten Römern!

Um Christi Geburt zählte die Stadt Rom rund eine Million Einwohner. Die meisten Römer wohnten in Mietshäusern (»insulae«) mit drei bis sieben Stockwerken. Wegen der hohen Brandgefahr gründete Kaiser Augustus die Organisation der »vigiles« (Wächter) aus 3 500 freigelassenen Sklaven. Die Wächter waren in sieben Kohorten zu je 500 Mann unterteilt. Jede Kohorte bewachte zwei der 14 Stadtbezirke Roms. Untergebracht waren die Feuerwächter in eigenen Kasernen. Bemerkenswert ist die Aufgabenteilung der römischen Feuerwehr: Es gab Wasserträger und Spritzenleute. Weitere »vigiles« schützten die Nachbarhäuser mit in Essig getränkten Decken oder beleuchteten die Einsatzstelle. Auch technisch war die römische Feuerwehr vorbildlich. Sie kannte bereits Feuerspritzen (»siphones«), die eine Wurfweite von 25 Metern erzielten. Auch Äxte, Besen, Sägen, Leitern, Einreißhaken und Löschdecken gab es schon.

Löschwasservorrat

Die Zürcher durften gebrauchtes Spülwasser erst wegschütten, wenn das abendliche Herdfeuer gelöscht war. So war immer ein kleiner Löschwasservorrat im Haus, denn der Weg zum nächsten Brunnen oder Bach konnte weit sein.

Feurio! Feurio!

Weniger geordnet als im antiken Rom ging es im deutschen Mittelalter zu. Zwischen dem 12. und 14. Jahrhundert wurden zahlreiche Städte gegründet. Handel und Handwerk blühten in den engen Gassen. In jedem Haus brannte ein Herdfeuer. Viele Handwerke arbeiteten mit Feuer: Schmiede, Bäcker, Glaser und Bader. Das Baumaterial für die meisten Häuser war Holz, die Dächer wurden mit Stroh gedeckt – beides brannte wie Zunder! Der Brandgefahr standen dürftige Löschtechniken gegenüber, wie Ledereimer und Einreißhaken. Handspritzen gab es zwar, aber sie fassten nur anderthalb Liter Wasser. Die Folge: Jede deutsche Stadt brannte zwischen dem 12. und 14. Jahrhundert einmal völlig nieder. Zur Brandbekämpfung musste jeder Handwerker Löscheimer, Einreißhaken und Handspritze anschaffen. Brandgefährliche Werkstätten mussten gar an den Stadtrand ziehen. Nachts wachten Türmer hoch über der Stadt. Bei Feuer läuteten sie eine Alarmglocke und schrien lauthals »Feurio!«.

Selbst ist die Dame!

So löschte man früher

Zwei Erfindungen krempelten das mühsame Feuerlöschen gründlich um: die Pumpspritze und die Amsterdamer Schlangenspritze.

Dem Feuer Dampf machen

Zuerst zur Pumpspritze: Sie wurde bereits im antiken Griechenland erfunden. Das Wissen darum ging aber im Mittelalter verloren. So musste die Pumpspritze neu erfunden werden, was 1650 einem Nürnberger Zirkelschmied gelang.
Erfindung Nummer zwei war der Schlauch. Der Niederländer Jan van der Heyde war sieben Jahre nach dem Stadtbrand von London 1666 auf die Idee gekommen. Er nähte die Schläuche zuerst aus Segeltuch, dann aus Leder. Seine Schläuche gingen unter dem Namen »Amsterdamer Schlangenspritze« weg wie warme Semmeln. Heydes Sohn hatte schließlich die Idee, Saugrüssel, Pumpe und Schlauch zusammenzuschließen. Damit konnte man Löschwasser direkt aus einem Kanal oder Fluss fördern. Im Prinzip war so die moderne Tragkraftspritze geboren. Nahtlose Feuerwehrschläuche machte der Rundwebstuhl seit etwa 1750 möglich. Wirklich dichte Feuerwehrschläuche kamen erst 1836 auf, als man den Schlauch innen mit Gummi beschichten konnte.
1829 wurde die Feuerlöschdampfspritze erfunden. Zunächst interessierten sich die Städte nicht für die seltsamen Wasserkocher. Erst nach dem Großen Brand von Hamburg 1842 dachte man um. Die Dampfspritze wurde von Pferden gezogen, war aber mit 500 bis 2 000 Litern Wasserausstoß pro Minute schon sehr leistungsfähig. Rund zehn Minuten dauerte das Anfeuern; deshalb hielten viele Löschmannschaften ihre Dampfspritzen ständig vorgewärmt. Um 1900 rückte man bereits mit kleinen Löschzügen aus: Drehleiter, Kohle- und Gerätewagen sowie Mannschaftstransporter.

»Spritztüte« um 1920.

Feuerwehrpferde im Einsatz.

Löschzug um 1900. Gut sichtbar ist die Drehleiter auf dem mittleren Wagen.

Einreißhaken

Die Anfänge der Feuerwehr

Der gute, alte Einreißhaken hat übrigens noch nicht ganz ausgedient. Seit der Antike reißt man mit ihm brüchige Gebäudeteile ein.

Am Himmelfahrtstag des Jahres 1842, morgens um ein Uhr dreißig, beginnen die Sturmglocken der Stadt Hamburg zu läuten. Ein Speicher im alten Hafen brennt. Südwind treibt das Feuer in die Nachbarschaft. Der Große Brand wütet vier Tage. Er zerstört rund 1 700 Häuser, über ein Viertel der Stadt. Der Schock von Hamburg brachte viele Städte dazu, endlich Feuerlöschdampfspritzen anzuschaffen. Allgemeine Begeisterung weckte eine Idee, die den bürgerlichen Gemeinschaftssinn der Menschen ansprach: die freiwillige Feuerwehr. Sie stammte von Carl Metz.

Die Turner von Durlach

Vier Jahre nach dem Großen Brand von Hamburg suchte der Stadtbaumeister von Durlach bei Karlsruhe eine ständige Bedienung für seine neue Feuerspritze. 50 Turner schlossen sich daraufhin zu einem freiwilligen Feuerwehrkorps zusammen. Klettergewandt, schwindelfrei und durchtrainiert – die Turner waren die ideale Mannschaft. Andere Städte gründeten nun ebenfalls freiwillige Turnerfeuerwehren.

In kleineren Orten erfüllten sie ihre Aufgaben hervorragend. Für die schnell wachsenden Großstädte musste eine andere Lösung her. Der preußische König Friedrich Wilhelm IV. beauftragte den Bauinspektor Scabell 1851 damit, die Berliner Pflichtfeuerwehr zu einer Berufsfeuerwehr umzubauen. Die erste deutsche Berufsfeuerwehr bestand aus knapp 1 000 fest angestellten, gut ausgebildeten »Feuermännern«. Die Berliner Feuerwachen waren Tag und Nacht besetzt.

Immer in Kontakt zu bleiben, war auch im 19. Jahrhundert schon entscheidend. Der Kommandant gibt Meldung.

Mehr Löschwasser

Der mittelalterliche Löscheimer fasste zwar fünf Mal mehr Wasser als eine »Spritztüte« aus den 1920er-Jahren, aber mit der Spritztüte konnte man gezielt und weiter spritzen.

Wo es keine Hydranten oder Löschteiche oder sonstige Wasserspeicher gibt, bringt die Feuerwehr ihr Löschwasser im Tanklöschfahrzeug (TLF) selbst mit.

15 Liter

3 Liter

160 Liter

2000 Liter

Helfer in der Not

Brände zu löschen und Menschen zu retten, waren die ursprünglichen Aufgaben der Feuerwehr. Heute drohen Brände nicht mehr ständig in jedem Haushalt – im Straßenverkehr lauern dafür umso mehr Gefahren. Die Technik hat unsere Lebenswelt im letzten Jahrhundert schnell und tief greifend verändert. Damit sind auch die Aufgaben der Feuerwehr vielfältiger geworden. Feuerwehrleute sind heute Fast-Alleskönner. Sie retten Mensch und Tier, bergen Sachen, schützen die Umwelt und leisten technische Hilfe.

Löschen
bezieht sich auf das Bekämpfen von Bränden aller Art, ob Gebäude-, Wald- oder Fahrzeugbrand.

Bergen
ist die Befreiung und Sicherstellung von toten Personen, Tieren und Gegenständen, wie zum Beispiel Kunstwerken oder auch Sprengkörpern.

Schützen
umfasst Maßnahmen, die Umweltgefahren und -katastrophen abwenden.

Retten
meint das medizinische und technische Abwenden von Gefahren für Menschen und Tiere.

Der Retter trägt einen Wasser- und Kälteschutzanzug in Signalfarbe. Darin kann er in vier Grad Celsius kaltem Wasser mehrere Stunden überleben, falls er selbst einbricht.

Vorsicht! Vogelspinnen laufen und springen sehr schnell.

Wie läuft eine Tierrettung ab?

Nicht nur Menschen, auch Tiere haben ein Recht auf technische und medizinische Hilfe in der Not, egal ob Haustier, Nutztier oder Wildtier. Immer häufiger wird die Feuerwehr zu Tierrettungen gerufen. Die technischen Hilfeleistungen für Tiere sind eingeteilt in:

- Einfangen von entlaufenen Haustieren oder Exoten wie Schlangen, Alligatoren oder Spinnen.
- Retten von Tieren in großer Höhe mit einer tragbaren Leiter oder einer Drehleiter.
- Umsiedeln von Wespen- und Hornissennestern oder Einfangen von Bienenschwärmen.
- Heben verletzter Pferde und Kühe mit einem Hebegeschirr am Kran oder an der Drehleiter.
- Befreien von Tieren, die im Eis eingebrochen sind, oder Wasservögeln, die auf Seen angefroren sind, mit dem Mehrzweckboot oder dem Eisschlitten.
- Befreien von Tieren aus der Kanalisation, aus Rohrleitungen und anderen Hohlräumen.

Es besteht keine gesetzliche Pflicht, aber manche Feuerwehren haben extra einen Gerätewagen Tierrettung (GW-T) angeschafft. So ein Kleintransporter ist mit einem Sammelsurium von speziellen Werkzeugen ausgerüstet: Transportkäfige, Schutzanzüge gegen Wespenstiche und Hundebisse, Fangschlingen für Hunde, Käscher, Reptilienzange, Fangnetze, Hundeleinen und Pferdehalfter. Um aggressive oder giftige Tiere kurzzeitig zu lähmen, hat der GW-T auch ein Betäubungsgewehr, eine Narkosepistole sowie ein Blasrohr an Bord. Geräte sind gut, aber zu einer gelungenen Tierrettung gehören auch Geschicklichkeit, Mut und Geduld. Am häufigsten muss die Feuerwehr ausrücken, um Katzen von hohen Bäumen zu retten. Es muss aber nicht unbedingt ein Baum sein. Die Feuerwehr in Hannover hat einen Hauskater aus einer laufenden Waschmaschine gerettet. Der Kater hatte sich unbemerkt zum Schlafen in die gefüllte Wäschetrommel gelegt.

Ein verirrtes Bienenvolk wird behutsam eingefangen.

Hunde und Katzen – häufige »Kunden« der Tierrettung.

Betäubungspfeil

Die Spezialpfeile sind ähnlich aufgebaut wie eine Spritze. Die Kanüle hat jedoch eine seitliche Öffnung, die mit einem Gummiring verschlossen ist. Wenn die Kanüle ihr Ziel trifft, wird der Ring nach hinten geschoben und gibt die Öffnung frei. Der Kolben steht unter Gasdruck. Die Spritze entleert ihren Inhalt, der das Tier narkotisiert. Lautlos und schonend ist der Beschuss mit einem Blasrohr. Er verletzt das Tier nicht. Gezielt wird auf Muskelgruppen am Hinterbein des Tieres. Die Fäden am Ende des Pfeils stabilisieren den Flug und machen den Pfeil im Fell gut sichtbar.

Wenn der Wald brennt

Zwei Trupps bekämpfen das Vollfeuer (1). Ein Bagger hebt eine Schneise aus, die das Feuer aufhalten soll. In der Schneise darf nichts Brennbares liegen (2). Mit Feuerpatschen werden Glutnester sorgfältig ausgestrichen (3). Das Tanklöschfahrzeug fasst 5 000 Liter (4). Bäume und Laub werden mit Netzwasser befeuchtet, damit sie sich nicht so leicht entzünden (5). Netzwasser ist ein Gemisch aus Schaummittel und Wasser.

Nach längeren Trockenzeiten und in heißen, regenarmen Sommern sind die Feuerwehren besonders auf der Hut: Dann drohen Waldbrände. Der Deutsche Wetterdienst ist dafür zuständig, die Waldbrandwarnstufe zu berechnen. Dabei spielt die Regenmenge eine Rolle, aber auch die Luftfeuchtigkeit und die Windgeschwindigkeit. Gemeinden und Erholungsgebiete machen die Warnstufe auf Tafeln öffentlich. Sie ist auch im Internet abrufbar. Schon ab Waldbrandstufe 3 von 5 kann das Betreten der Wälder untersagt sein.

Wie entstehen Waldbrände?

Die allermeisten Waldbrände werden in Deutschland von Menschen verursacht: durch Lagerfeuer, nachglimmende Zigaretten und leider auch durch Brandstiftung. Die einzigen natürlichen Ursachen sind Selbstentzündung und Blitzschlag.

Ein Waldbrand läuft meist in drei Phasen ab. Er beginnt als Bodenfeuer, wo er sich noch leicht bekämpfen lässt. Besonders in Nadelwäldern kann so ein Lauffeuer jedoch leicht auf die Baumwipfel überspringen. In der Phase zwei, dem Wipfelfeuer, breitet sich der Brand schnell aus. Wipfelfeuer sind viel schwieriger zu löschen als Bodenfeuer. Sie entwickeln sich rasch zur dritten Phase, dem Vollfeuer. Vollfeuer fressen sich pro Stunde einen Kilometer durch den Wald. Schlimmste Auswirkungen haben auch Erdfeuer. Solche Schwelbrände im Boden zerstören die Baumwurzeln.

Feuerpatsche

Erdfeuer oder Moorbrand

Bodenfeuer

Total- oder Vollfeuer

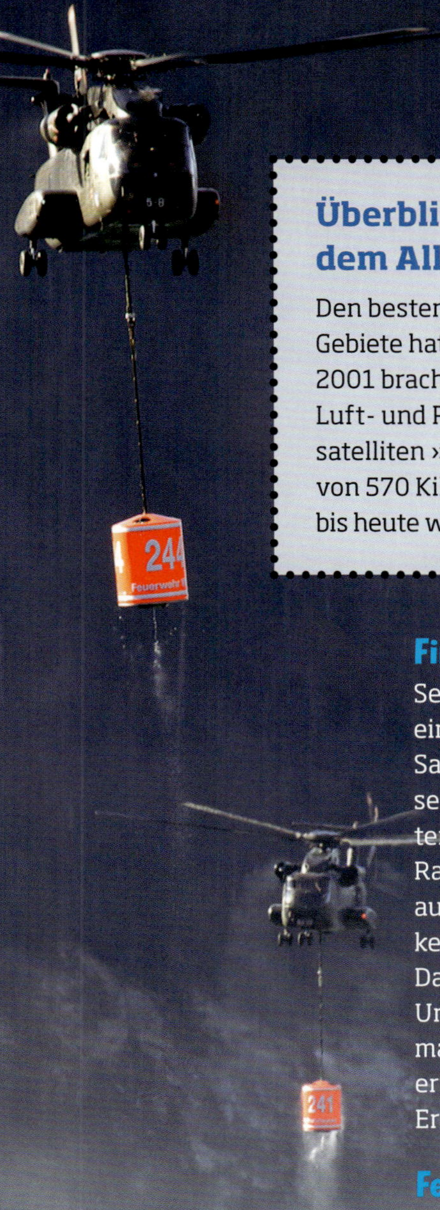

Waldbrände sicher bekämpfen

Ein Vollbrand ist erst gestoppt, wenn das Bodenfeuer, das ihn nährt, niedergekämpft ist. Dazu sind viele Feuerwehrleute nötig und ein Einsatzleiter, der den Überblick behält. Eine mögliche Strategie besteht darin, die Feuerwalze an einer Auffanglinie zu stoppen. Da trifft es sich gut, wenn eine Straße oder ein Fluss als natürliche Schneise in der Nähe ist. Die Feuerwehrleute ersticken kleinere Bodenfeuer und Glutnester mit Feuerpatschen und Spaten. Da es im Wald natürlich keine Hydranten gibt, liefern Tanklöschfahrzeuge und kleine Waldbrandanhänger das nötige Löschwasser. In manchen Wäldern wurden auch Löschwasserteiche oder Tanks angelegt. Sand und Erde eignen sich ebenfalls als Löschmittel. Löschschaum dagegen ist schlecht, weil er umweltschädlich ist.

Löschflugzeuge im Einsatz

Löschflugzeuge können Wipfelbrände wirkungsvoll eindämmen. Das Manöver, das der Pilot dafür fliegen muss, ist waghalsig: Er steuert das einmotorige Löschflugzeug mit 250 Stundenkilometern im Sturzflug auf den Brandherd zu. Innerhalb weniger Sekunden wirft er 1 500 bis 2 000 Liter Wasser ab. Nachdem die Maschine ohne Löschwasser nur noch halb so schwer ist, macht das Hochziehen nach dem Sturzflug keine Probleme.
Auch ein Hubschrauber kann je nach Größe bis zu 5 000 Liter Wasser in drei Sekunden abwerfen. Die Füllzeit beträgt nur zehn Sekunden! Der deutsche »Löschwasser-Außenlastbehälter für Hubschrauber« heißt im Amerikanischen übrigens »Bambi-Bucket« (Bambi-Eimer).

Eine zerstäubte Löschwasserwolke breitet sich über einem Waldbrand aus.

Überblick aus dem All

Den besten Blick auf gefährdete Gebiete hat man aus dem Weltall. Im Jahr 2001 brachte das Deutsche Zentrum für Luft- und Raumfahrt (DLR) den Kleinsatelliten »Bird« in eine Erdumlaufbahn von 570 Kilometern Höhe. Er übermittelt bis heute wichtige Daten.

FireWatch und Fire Monitoring

Seit einigen Jahren überwacht FireWatch einen Großteil der Wälder in Brandenburg, Sachsen, Sachsen-Anhalt und Niedersachsen. 174 HD-Digitalkameras mit Spezialfilter erkennen ein Feuer automatisch an der Rauchwolke. Die optischen Sensoren sind auf Funkmasten oder auf hohen Bauwerken in 30 bis 65 Metern Höhe installiert. Das Global Fire Monitoring Center an der Universität Freiburg ist eine weltweit einmalige Zentrale zur Feuerüberwachung. Es erfasst sämtliche Feuerkatastrophen der Erde und verarbeitet die Daten.

Feuer in Sicht!

Früher standen in deutschen Wäldern zahlreiche bemannte Feuerwachtürme. Allein im Bundesland Brandenburg waren es 133.

Technische Hilfe bei Verkehrsunfällen

Gegen Ölspuren
Mit Piassavabesen, Ölbinder und Schaummittel reinigen die Feuerwehrmänner die Unfallstelle von Motoröl und Treibstoffresten. Sie schützen die Umwelt und den nachrückenden Verkehr. Piassava ist eine starke südamerikanische Pflanzenfaser.

Ein Großteil der modernen Feuerwehrarbeit besteht aus Technischer Hilfeleistung bei Verkehrsunfällen. Häufig müssen auch Ölspuren auf Fahrbahnen und aus Fahrzeugen ausgelaufener Treibstoff fachmännisch beseitigt werden. Das ist aber noch lange nicht alles. Die Nummer 112 wird auch bei Unfällen in der Luft, auf der Schiene und auf dem Wasser gerufen – und wenn vermisste Personen gesucht werden. Auch bei Überschwemmungen, Sturmschäden, Eisstau und wenn giftige Stoffe in die Umwelt gelangen, also im Katastrophenschutz, ist die Feuerwehr zur Stelle. Bei Katastrophen und größeren Unglücksfällen unterstützt das Technische Hilfswerk.

Was tun, wenn es kracht?

Ein später Nachmittag im Winter. Die Dunkelheit bricht ein. Es beginnt zu schneien. Auf der eisglatten Straße sind zwei Autos bei einem Ausweichmanöver von der Fahrbahn abgekommen und über den Abhang gerutscht. Wie geht die Feuerwehr vor, um die Insassen zu retten und die Unfallwagen zu bergen?

Ein Feuerwehrkran ist angerückt. Er beleuchtet die Einsatzstelle und birgt einen Wagen, bevor dieser abrutscht (1). Ein Feuerwehrmann unterbaut den anderen Wagen mit Vierkanthölzern (2). Die Insassen befinden sich noch im Wagen und sollen nicht erschüttert werden. Ein Feuerwehrmann durchtrennt den Holm der Windschutzscheibe mit der Rettungsschere (3). Die Fahrertür klemmt. Ein Feuerwehrmann versucht, sie mit dem Rettungsspreizer aufzubiegen (4).

Faltdreieck

ABS Technische Hilfe

Erstmaßnahmen beim Eintreffen an einer Unfallstelle:

- **A**bsicherung der Einsatzstelle gegen den fließenden Verkehr
- **B**randschutz für die Einsatzstelle sicherstellen
- **S**tabilisieren der Lage (zum Beispiel Sichern der Fahrzeuge und der Umgebung)

Leitkegel wurden 1952 erfunden.

Tierische Retter

Kein Messgerät der Welt übertrifft die feine Spürnase eines ausgebildeten Rettungshundes. Nach Explosionsunglücken, Erdbeben und schweren Verkehrsunfällen zeigen die Rettungshunde der Feuerwehr, was sie können. Zwei Jahre dauert die Ausbildung zum Rettungshund und nicht jeder Hund hat das Zeug dazu. Zu Beginn der Ausbildung sollte er nicht älter als zwei Jahre sein und sich weder ängstlich noch aggressiv verhalten. Die Aussichten von nervösen, kleinen Kläffern auf eine Karriere bei der Feuerwehr sind also eher gering.

Nach einem Schnuppertraining, bei dem sich Hundeführer und Hund kennenlernen, geht es mit der Grundausbildung weiter. Der zukünftige Rettungshund lernt, wie er sich auf Geröll, Gittern, Blech und Glas bewegen muss. Er durchkriecht nicht nur Röhren, sondern überquert auch schräge Wippen und waagrecht liegende Leitern. Bei der schwierigen Suche nach Verschütteten unter Trümmern wird ihm all das nützen. Dabei darf er sich weder von Rauch und Lärm noch durch die Geräte der Rettungsmannschaften ablenken lassen. Gehorsam und Bei-Fuß-Gehen zeichnen einen guten Rettungshund ebenso aus wie zuverlässiges Anzeigen. Findet er einen Vermissten, dann heißt es: stehen bleiben und bellen!

Ein Trümmersuchhund kann unter meterdickem Schutt Verunglückte wittern.

Rettungsübung
Ein Unfallopfer wird mit dem Rettungsspreizer schonend aus einem Autowrack befreit.

AIRBAG Technische Hilfe

Sechs Regeln bei der Öffnung eines Pkws:

- **A**bstand halten
- **I**nnenraum erkunden
- **R**ettungskräfte warnen
- **B**atterien abklemmen
- **A**bnehmen der Innenverkleidung
- **G**efahren an den Komponenten der Sicherheitseinrichtungen

Eine Werkstatt auf Rädern

Fernbedienung für die Seilwinde, die eine Tragkraft von fünf bis zehn Tonnen besitzt.

Der Rüstwagen (RW) ist ein junges Feuerwehrfahrzeug. Er entstand erst um 1950. Die Technischen Hilfeleistungen der Feuerwehr wurden so vielfältig, dass die Geräte in den Löschfahrzeugen keinen Platz mehr fanden.

Was hat ein Rüstwagen dabei?

Seilwinde, Generator und Lichtmast sind bei allen RWs fest eingebaut. Jeder RW ist mit Allradantrieb unterwegs. Die Besatzung besteht aus zwei bis drei Feuerwehrleuten. Wenn umgestürzte Bäume von der Straße geräumt oder Lastwagen aufgerichtet werden müssen, unterstützt der Rüstwagen den Feuerwehrkran.

Neben der Basisausstattung gibt es noch Gerätesätze für die Ölbeseitigung, die Wasserrettung und für den Umgang mit Gefahrgütern. Ein Rüstwagen unterscheidet sich von einem Gerätewagen durch seine festen Einbauten und die Besatzungsstärke.

→ Rekord

308

Einzelteile finden sich in der Standardausstattung eines Rüstwagens.

Die Gerätegruppen:

- Schutzkleidung und Schutzgerät
- Löschgerät
- Schläuche, Armaturen und Zubehör
- Rettungsgerät
- Sanitäts- und Wiederbelebungsgerät
- Beleuchtungs-, Signal- und Fernmeldegerät
- Arbeitsgerät
- Handwerkzeug und Messgerät
- Sondergerät

Im Rüstwagen hat alles seinen festen Platz. Kein Wunder, dass Ordnung hier sehr wichtig ist!

Die cleveren Helfer zur Rettung

Hydraulische Rettungsschere

Bei schweren Verkehrsunfällen werden die Verletzten häufig im Wagen eingeklemmt. Wie befreit man sie schnell aus dem brandgefährdeten Fahrzeug, ohne ihnen weitere Verletzungen zuzufügen?

Was leisten Rettungsspreizer und Rettungsschere?

Der Rettungsspreizer ist ein elegantes Kraftpaket. Das hydraulische Rettungsgerät drückt verformte Autotüren auf oder biegt sperrige Wrackteile weg. Trotz der riesigen Spreizkraft von rund 20 Tonnen arbeitet der Rettungsspreizer leise und schnell.
Die Rettungsschere ist dagegen ein Schneidegerät. Mit einer Kraft von bis zu 75 Tonnen durchtrennt sie mühelos Türpfosten und Dachholme. So wird in nur fünf Minuten aus einem Auto ein Cabrio!

Die A-Säule eines Pkw wird durchtrennt.

Stahl gegen Blech

Akku-betriebener Spreizer

Ein Zugang für die Rettung wird geschaffen!

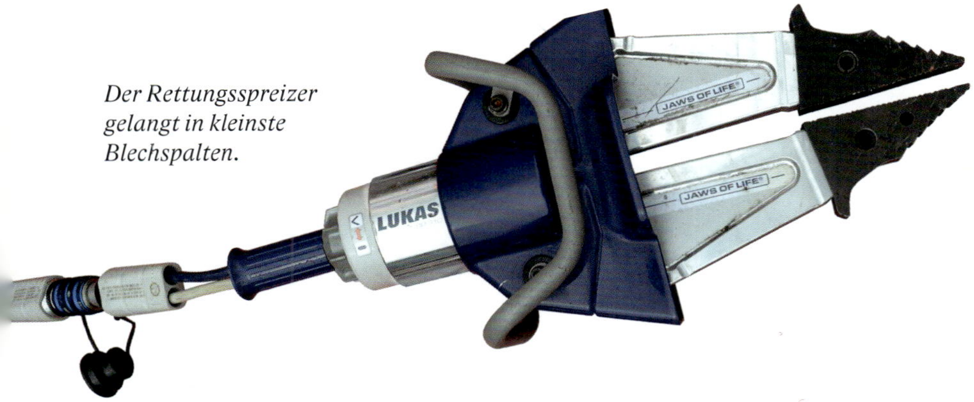

Der Rettungsspreizer gelangt in kleinste Blechspalten.

Die Hydraulik ist eine Technik, die Flüssigkeiten, meist Öl, verwendet, um Kraft auf Arbeitsgeräte zu übertragen. Die Kraft liefert eine angekoppelte Hydraulikpumpe. Die Leitungen, die zu Spreizer und Schere führen, sind also keine Stromkabel, sondern Ölschläuche. Die Hydraulikpumpe bekommt ihren Strom aus dem Generator im Rüstwagen oder von tragbaren Stromerzeugern.

Jetzt wird's nass!

Zu den Aufgaben der Feuerwehr im Umweltschutz gehören die Ölwehr und Gefahrguteinsätze zu Lande und zu Wasser. Unfälle mit auslaufendem Mineralöl richten große Umweltschäden an.

Rettungsring mit Leine

Tauchgruppe mit Rollboot

Wie bekämpft die Feuerwehr Ölverschmutzungen?

Der Rüstwagen (RW-Öl) und der Gerätewagen (GW-Öl) haben Spezialausrüstungen, um Ölschäden einzudämmen und zu beseitigen. Praktisch ist auch der Abrollbehälter Umweltschutz (AB-U). Man kann ihn nach Bedarf auf ein Fahrzeug aufsetzen. Er enthält alles, was bei einem Chemikalien- oder Ölunfall benötigt wird: von Holzstopfen über Pumpen bis hin zu Spezialschläuchen und Auffangbehältern. Der RW-Öl hat auch ein Schlauchboot dabei, mit dem die Feuerwehrmänner Ölsperren auf dem Wasser auslegen können. Eine Ölsperre ist ein rund 70 Zentimeter hohes, schwimmendes Band, das zur Hälfte unter Wasser liegt. Es verhindert, dass sich das Öl weiter ausbreitet. Bei stark verschmutztem Wasser wird der Bandskimmer eingesetzt. Er saugt stündlich bis zu 2,2 Kubikmeter Öl ab.

Löschboote – die schwimmende Feuerwehr

In jeder deutschen Hafenstadt gibt es Feuerlöschboote. Sie löschen Brände auf Schiffen und in ufernahen Gebäuden. Die robusten, wendigen Boote sind rund um die Uhr mit einer Wachmannschaft besetzt. Das Feuerlöschboot »Frankfurt« zum Beispiel ist mit drei Wasser- und drei Schaumkanonen ausgerüstet. Aus den 16 Schaumrohren spritzt in kurzer Zeit genug Schaum für ein ganzes Hafenbecken! Wenn ein Feuerlöschboot dicht an einen Brand heranfahren muss, schaltet der Schiffsführer die Selbstschutzanlage ein. Düsen an der Bordwand hüllen das Schiff dann in einen kühlenden Wassernebel. Manche Boote lassen sich sogar luftdicht verschließen – zum Schutz der Besatzung vor gefährlichen Gasen. Um die hohen Decks moderner Schiffe zu erreichen, haben neuere Löschboote Drehleitern von über 20 Metern Länge an Bord.

Feuerwehrtaucher

Wer Feuerwehrtaucher werden will, braucht eine Grundausbildung zum Feuerwehrmann, das Rettungsschwimmerabzeichen in Silber, starke Nerven und körperliche Fitness. Feuerwehrtaucher retten Menschen und Tiere in Not. Sie tauchen aber auch Sachen herauf und dichten Lecks in Tankschiffen ab. Bei den gefährlichen Eiseinsätzen muss stets ein Reservetaucher einsatzbereit stehen. Feuerwehrtaucher können sich notfalls mit den Leinenzugzeichen verständigen. Einige der festgelegten Zeichen sind:

X	Ich bin in Not!
XXXX	Ich tauche auf!
XXXXX	Alles in Ordnung!

Jedes X steht für einmal Ziehen an der Leine.

Bordbrand auf See: Ein Löschboot kommt einem Frachtschiff zu Hilfe.

Flughafenlöschfahrzeug

Kein Flughafen ohne Feuerwehr

Ob in Neu-Delhi oder Frankfurt am Main – jeder Verkehrsflughafen der Welt unterhält eine Werksfeuerwehr in ständiger Alarmbereitschaft. Innerhalb von drei Minuten nach dem Alarm muss die Airportfeuerwehr jeden Punkt des Flughafenvorfeldes erreichen können. Im Ernstfall stehen die Feuerwehrleute vor einer schwierigen Aufgabe: Sie müssen löschen und gleichzeitig Flugpassagiere sowie die Crew aus der Unglücksmaschine retten.

Wenn eine Bauchlandung droht, wird Großalarm ausgelöst. Während das Flugzeug Kerosin ablässt, stellen sich die Löschfahrzeuge und Rettungswagen auf. Noch bevor die Maschine aufsetzt, jagen ihr die Löschfahrzeuge hinterher. Ist sie gelandet, beginnt die Feuerwehr mit einem Trockenlösch-Schnellangriff. Danach wird eine keilförmige Rettungszone geschaffen. Während das erste Löschfahrzeug den Kabineneingang von Flammen freihält, beschäumt das zweite den Flächenbrand. Zugleich sichert es die Feuerwehrleute und die Rettungsmannschaften. Das dritte Fahrzeug unterstützt sie dabei. Alle Löschfahrzeuge müssen während der Personenrettung ständig mit Wasser den Flugzeugrumpf kühlen.

Ausgelaufenes Kerosin brennt auf dem Flugfeld.

Schon gewusst?

Das Feuerlöschfahrzeug (FLF) 80/135 bringt große Mengen Löschmittel mit bis zu 141 Stundenkilometern zum Einsatzort. 1 000 PS starke Motoren treiben den gewaltigen 40-Tonner an. 13 500 Liter Wasser und 1 600 Liter Schaummittel kann das FLF transportieren. Das Frontwenderohr hat eine Wurfweite von 56 Metern!

Die Flughafenfeuerwehr löscht und evakuiert gleichzeitig.

Deutschland – Land der Feuerwehr

Die FF Aschheim und die FF Erfurt-Bischleben.

Rund 26 000 Feuerwehren zählen die 16 Bundesländer. Davon sind die allermeisten freiwillige Feuerwehren (FF), nämlich 25 000. 107 Berufsfeuerwehren (BF) beschützen größere Städte und schätzungsweise 900 Werkfeuerwehren (WF) wachen über große Fabrikanlagen. Dazu kommen die Betriebsfeuerwehren an sich ungefährlicher Betriebe wie Hospitäler und Hotels.

120 Mann stark ist die FF Aschheim bei München. Die Jugendfeuerwehr (JF) trägt eine eigene Ausrüstung.

1,1 Millionen Menschen in Deutschland sind bei der freiwilligen Feuerwehr, davon **80 500 Frauen.**

30 400 Menschen arbeiten in Werk- und Betriebsfeuerwehren.

27 400 Menschen sind in einer Berufsfeuerwehr tätig.

Welche Feuerwehren gibt es?

Berufsfeuerwehren sind öffentliche Feuerwehren. Ihre Einsatzkräfte sind von Beruf Feuerwehrmann oder Feuerwehrfrau. Die Gesetze der einzelnen Bundesländer regeln, ab welcher Größe eine Stadt verpflichtet ist, eine Berufsfeuerwehr einzurichten. So gibt es im bevölkerungsreichen Nordrhein-Westfalen derzeit 31 Berufsfeuerwehren, im großen Bayern nur sieben. Jede Feuerwache ist rund um die Uhr besetzt und immer in Alarmbereitschaft. Die Männer und Frauen arbeiten im Schichtdienst 48 Stunden pro Woche. Eine Feuerwehr beschäftigt 300 bis 500 Mitarbeiterinnen und Mitarbeiter in zahlreichen Berufen. Großstädte wie Leipzig und Nürnberg haben vier Wachen, Millionenstädte wie München und Hamburg sogar zehn oder noch mehr.

Anders ist es bei den freiwilligen Feuerwehren: Sie bestehen aus ehrenamtlichen Einsatzkräften, die ganz andere Hauptberufe haben. Aus dem öffentlichen Leben der Dörfer und kleineren Städte sind die freiwilligen Feuerwehren oft nicht wegzudenken. Ihre Mindeststärke ist im Feuerwehrgesetz jedes Bundeslandes vorgeschrieben. Meistens hat eine kleine Ortsfeuerwehr 20, ein Feuerwehrstützpunkt 30 und ein Feuerwehrschwerpunkt 40 Angehörige. Freiwillige Feuerwehren gibt es ebenso in großen Städten, wo die Freiwilligen den Berufsfeuerwehrleuten bei großen oder schwierigen Einsätzen Verstärkung geben.

Die Werkfeuerwehren sind keine öffentlichen Feuerwehren. Sie werden von großen Industriebetrieben eingerichtet und unterhalten. Dazu zählen unter anderem Chemiewerke, Werften, Raffinerien, Flughäfen und Kraftwerke. Meist verfügen sie über spezielle Ausrüstungen, die auf die besonderen Gefahren eines Werkes abgestimmt sind, zum Beispiel die Gefahrstoffwehr in Chemiewerken.

Bereitschaft – Warten auf den nächsten Einsatz.

Angeberwissen

Sankt Florian ist der Schutzpatron der Feuerwehr. In ganz Deutschland ist »Florian« daher das Kennwort für Funkrufnamen der Feuerwehr. Der Funkrufname »Florian Leipzig 2/23« verrät: Das Fahrzeug gehört der Feuerwehr Leipzig. Sein Standort ist die Feuerwache 2. Und hinter der 23 verbirgt sich ein Teil der Kennzahl für ein Tanklöschfahrzeug (TLF 16/23).

Das Zeichen für ein Brandmeldetelefon.

Achtung, Feuer!

Ein paar einfache Vorsichtsmaßnahmen helfen, einem Brand vorzubeugen: Offenes Feuer nie unbeobachtet lassen, keine defekten Geräte benutzen und beim Kochen immer den Herd im Blick behalten. Wenn trotzdem ein Feuer ausbricht, musst du wissen, was zu tun ist und was nicht.

Wie rufst du die Feuerwehr?

Die Notrufnummer der Feuerwehr ist in Deutschland **112**. In Österreich ist es die **122** und in der Schweiz die **118**.
Bleib so ruhig wie möglich, damit du die Einsatzleitstelle nach der Regel der **5 W-Fragen** informieren kannst:
Wer ruft an?
Was ist passiert?
Wo brennt es?
Wer oder was ist in Gefahr?
Warten, ...
... ob der Beamte nachfragt.
Egal ob Telefonzelle oder Handy – du brauchst keine Vorwahl und der Notruf ist immer kostenlos. Wenn du vom Handy aus anrufst, ist es besonders wichtig, dass du den Brandort genau angibst.

Wie verhältst du dich bei Feuer?

1. Du bleibst so ruhig wie möglich und rufst die Feuerwehr.
2. Du kannst versuchen, den Brand zu löschen. Aber Vorsicht: **Bring dich nicht in Gefahr!**
3. Wenn der erste Versuch, das Feuer zu löschen, nicht klappt, solltest du sofort den Raum verlassen und die Tür hinter dir schließen. Dadurch bleibt das Feuer so lange wie möglich auf seinen Ursprungsort beschränkt.

Ein junger Feuerwehrmann am Druckschlauch – oder Gartenschlauch?

Rauchmelder

Zwölf der 16 deutschen Bundesländer haben seit dem Jahr 2003 für neu gebaute Häuser eine gesetzliche Rauchmelderpflicht eingeführt. Ein Rauchmelder piepst schrill, sobald er Rauch erkennt. So wacht jeder auf und kann sich in Sicherheit bringen. Wer selbst vorbeugen möchte: So ein Lebensretter kostet nur rund 25 Euro!

Feuermelder

Du findest sie in öffentlichen Gebäuden, zum Beispiel in Schulen. Schlage die Scheibe nicht mit Faust oder Ellbogen ein. Dabei kannst du dich verletzen. Nimm besser einen harten Gegenstand. Durch Drücken der Taste alarmierst du direkt die Feuerwehr.

Grüne Rettungsschilder zeigen dir in öffentlichen Gebäuden den schnellsten Weg ins Freie, also den Fluchtweg.

Und wenn der Weg ins Freie versperrt ist?

Das kannst du tun, wenn eine Flucht nicht mehr möglich ist:

- Du suchst einen sicheren Raum und schließt die Tür.
- Du öffnest Fenster und rufst um Hilfe, so laut du kannst.
- Wenn Rauch eindringt, legst du dich auf den Boden. Hier ist der meiste Sauerstoff und du hast die beste Sicht, da der Rauch nach oben steigt.

Der Weg ins Freie

Das solltest du tun, wenn du einem Feuer entfliehen kannst:

- Du bringst dich selbst und andere in Sicherheit.
- Du schließt Türen und Fenster hinter dir.
- Du benutzt auf keinen Fall den Aufzug! Die Elektrizität kann ausfallen. Der gefährliche Rauch zieht durch den Aufzugsschacht wie durch einen Kamin.
- Du wartest auf die Feuerwehr und beschreibst ihr den Weg zur Brandstelle. Außerdem sagst du Bescheid, wo jemand vermisst wird.
- Du hältst alle Schlüssel bereit.

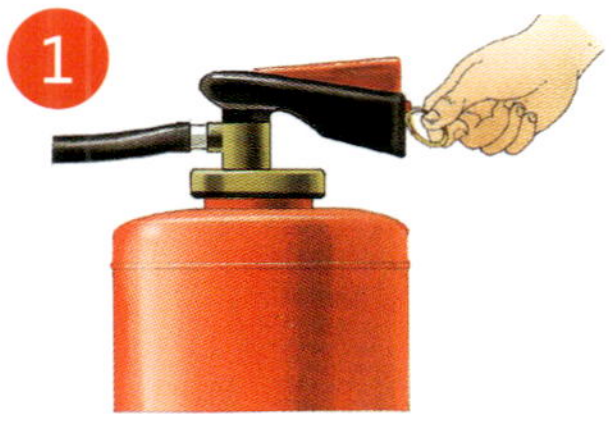

Abzugslasche entfernen. Das Gerät ist entsichert.

Mit dem Schlauch zielen, mit der Pistole dosieren.

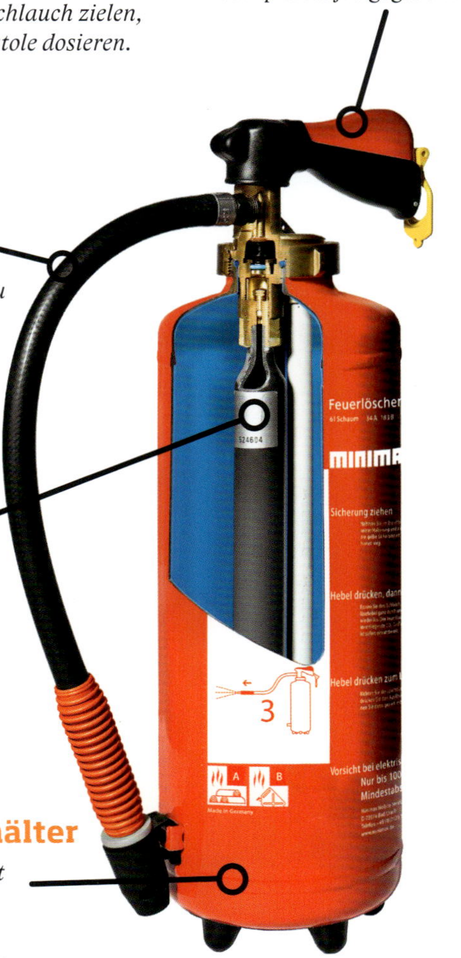

Betätigungshebel
Wenn die gelbe Abzugslasche entfernt ist, ist die Löschpistole freigegeben.

Schlauch mit Spritzdüse
Festhalten und genau zielen!

Steigrohr
Das Pulver strömt durch das Steigrohr zur Schlauchleitung.

Druckfester Behälter
Der Stahlbehälter schützt das Löschmittel.

Wie löscht ein Feuerlöscher?

Ein Feuer kann kurz nach seinem Ausbruch noch leicht gelöscht werden. Nach der ersten Minute reicht dazu schon ein Liter Wasser, nach der zweiten Minute braucht man aber bereits 10 Liter und nach der dritten Minute 100 Liter Wasser. Tragbare Feuerlöscher sind ein gutes Mittel, um Brände schnell im Keim zu ersticken. Meist sind es ABC-Pulverlöscher. Das heißt: Der Feuerlöscher ist für Brände der Brandklassen A (Feststoffe), B (Flüssigkeiten) und C (Gase) geeignet. Beim Löschen mit einem Feuerlöscher sollte man genügend Abstand zum Feuer halten, damit sich die Pulverwolke ausbreiten und das ganze Feuer einhüllen kann. Wichtig: Immer in Windrichtung arbeiten und dabei in die Glut spritzen, nicht in die Flammen!

Jugendfeuerwehr – mehr als ein Freizeitspaß

Erst muss der Helm gut sitzen, dann kommen die Handschuhe.

Wie merkt man sich am besten, was alles in einem Feuerwehrfahrzeug wo untergebracht ist?

Sandsäcke füllen – eine dringende Aufgabe bei Hochwasser.

Die Jugendfeuerwehr ist eine ziemlich alte Dame, die aber bis heute putzmunter ist. Den Bundesverband Deutsche Jugendfeuerwehr gibt es nämlich schon seit 1964. Er zählt 260 000 Mitglieder in 18 000 Gruppen. Eine Jugendfeuerwehr gehört immer zu einer freiwilligen Feuerwehr. Erkundige dich doch einmal in deinem Ort oder deiner Stadt!

Auch das Feuerlöschen wird geübt.

Wann kann ich zur Jugendfeuerwehr?

Du weißt, dass du Feuerwehrmann oder Feuerwehrfrau werden willst? Dann mach doch mal einen Schnupperbesuch bei der Jugendfeuerwehr. Das Einstiegsalter ist unterschiedlich; mancherorts liegt es bei nur acht Jahren, anderswo bei zwölf, 14 oder 16 Jahren. Da musst du einfach nachfragen. Fest steht: An deinem 18. Geburtstag endet die Mitgliedschaft bei der Jugendfeuerwehr. Dann kannst du bei den Erwachsenen mitmachen. Die freiwillige und auch die Berufsfeuerwehr freuen sich über den trainierten Nachwuchs, denn wer früh geübt hat, bei dem sitzt im Ernstfall jeder Handgriff umso besser.

Der Freizeitspaß kommt bei der Jugendfeuerwehr nicht zu kurz: Zeltlager, Kino, Grillabende und Sport stehen auf dem Programm.

Abzeichen

Wer Jugendfeuerwehrwart ist, bekommt ein eigenes Leistungsabzeichen. Das gibt es auch als Leistungsspange in Silber. Der praktische und theoretische Test, den du dafür bestehen musst, hat es in sich …

Wir haben die freiwillige Feuerwehr in Aschheim bei München besucht. Die **Jungs und Mädchen von der Jugendfeuerwehr** sind extra für WAS IST WAS zum Feuerwehrgerätehaus gekommen und haben uns von ihrer Gruppe erzählt.

Wo helft ihr überall mit?

Neulich hatten wir Wasser aus einem Keller auszupumpen. Da dürfen wir voll mithelfen. Auch beim Schläucheverlegen können wir oft helfen. Wenn der Piepser geht, dann muss man eben aufstehen und herfahren. Man kann aber auch abwägen und sagen: Heut geht's nicht so gut, weil ich morgen eine Schulaufgabe hab'. Man kann hier mit jedem reden. Das ist alles kein Problem.

Habt ihr alle einen Piepser?

Nein, erst mit 16. Dann muss man den Truppmann machen, also eine Fortbildung, und dann darf man mitfahren.

Hast du deinen Piepser immer dabei?

Nein, in die Schule nehme ich ihn zum Beispiel nicht mit. Ich bräuchte zehn Minuten mit dem Fahrrad hierher. Nach acht Minuten gehen schon die Türen und Tore zu. Dann sind schon längst alle Fahrzeuge ausgerückt.

Seid ihr jede Woche hier?

Wir haben alle zwei Wochen Übung, immer von sieben bis neun Uhr abends. Dann ist noch eine Stunde Zeit, um zusammenzusitzen. Um zehn Uhr müssen wir gehen, das haben die Eltern unterschrieben.

Was macht am meisten Spaß?

Die Umgebung, die Stimmung. Man kann über alles reden. Und der erste Mai! Da gab's ein großes Maifest. Da durfte ich so viel mithelfen. Ich habe gegrillt, Pizza gebacken …

Traumberuf Feuerwehrmann

Wer bei der Jugendfeuerwehr war, hat schon eine Ahnung, was bei der Berufsfeuerwehr auf ihn oder sie zukommt. Aber die meisten Feuerwehrleute haben zunächst in anderen Berufen gearbeitet.

Die Ausbildung zum Brandmeister

Die vielseitige Ausbildung dauert je nach Bundesland bis zu 18 Monate. Sie beginnt mit einer fünfmonatigen Grundausbildung. Dort lernt man unter anderem die Rechte und Pflichten im Dienst kennen sowie die Chemie und Physik des Löschens und der Verbrennung. Außerdem wird erklärt, was in Fahrzeugen und Geräten steckt und wie man im Einsatz richtig vorgeht. Man wird auch am Sprechfunk ausgebildet und macht sich mit Gefahrenstoffen vertraut.
Nach der Grundausbildung geht es dann mit einem dreimonatigen Lehrgang zum Rettungssanitäter weiter. Notfallmedizin wird hier in Theorie und Praxis gelehrt. Darauf folgt ein Monat Ausbildung zum Maschinisten. Ob Seilwinde, Kreiselpumpe oder Stromerzeuger – danach kann man die grundlegenden Feuerwehrgeräte bedienen und reparieren.
Oben drauf kommt noch der C-Führerschein, damit beim Fahren der roten Riesen mit Signalhorn und Blaulicht dann später auch alles glattgeht.
Und jetzt geht's erst los mit dem echten Training on the Job im aktiven Feuerwehrdienst. Im ToJ-Trupp bildet ein erfahrener Kollege einen Anwärter im 24-Stunden-Dienst praktisch aus. Danach kommt noch die theoretische Truppführerausbildung: Die Einsatztaktik und die Aufgaben eines Truppführers werden vermittelt.
Dann fehlt nur noch die Prüfung zum Brandmeister, die aus einem schriftlichen, praktischen und mündlichen Teil besteht.

Schon gewusst?

Für die Ausbildung bei der Feuerwehr muss man Bürger der Europäischen Union (EU) sein. Gefordert werden gesundheitliche Fitness, gutes Sehvermögen, Schwindelfreiheit und eine Körpergröße von mindestens 1,60 Meter oder 1,65 Meter (je nach Bundesland). Das Höchstalter ist 28. Ein Hauptschulabschluss und eine handwerkliche Berufsausbildung sind Pflicht.

Nächtliche Feuerwehreinsätze sind keine Seltenheit.

Wir haben die **FF Aschheim** besucht und nachgefragt, was die Arbeit in einer freiwilligen Feuerwehr ausmacht. Die Feuerwehrleute hier haben einen anderen Hauptberuf.

Was ist eure Motivation?

Menschen zu helfen und die Teamarbeit. One-Man-Show geht hier nicht. Und wir arbeiten alle gerne mit Technik und Taktik und erproben uns gerne an kniffligen Situationen. Die Herausforderung ist, immer wieder etwas anderes zu machen. Es ist kein Einsatz wie ein anderer.

Ihr macht das hier alles freiwillig und ohne Bezahlung?

Ja, es ist ein Ehrenamt. Ein anderer geht Skifahren oder spielt Fußball und wir gehen eben zur Feuerwehr.

Berühren euch die Schicksale?

Wir schauen alle ein bisschen grobschlächtig aus, aber wenn's um Schwerverletzte geht, dann werden wir doch feinfühlig, auch wenn es schnell gehen muss. Bei einer Rettung schauen wir lieber zweimal hin.

Worüber ärgert ihr euch am meisten?

Beleidigungen. Oder: Da ist ein Auto mit einem Verletzten und dann hat man auf einmal eine Kamera vor dem Gesicht. Und das Unverständnis. Wir helfen den Leuten freiwillig und dann müssen wir uns blöd anreden lassen, weil wir die Straße sperren. Es gibt halt immer einen, der noch ganz schnell, ganz dringend durch muss. Es gibt aber auch das Gegenteil: Wir haben jemanden aus einem Fahrzeug befreit. Der kam zum Tag der offenen Tür und hat sich bedankt. Durch unsere gute Arbeit wurde er im Krankenhaus wieder komplett gesund, weil wir ihn schonend befreit haben. Solche Nachrichten freuen uns sehr!

Die Feuerwehrmänner der FF Aschheim – unten im Mannschaftsraum eines LF.

Alltag in der Feuerwache

Was machen geprüfte Brandmeister eigentlich den ganzen Tag, wenn es nicht gerade brennt? Es ist nämlich wirklich ein ganzer Tag, denn Feuerwehrleute arbeiten in 24-Stunden-Schichten.

So sieht ein Tagesablauf in der Wache aus:

- **7.30 Uhr:** Wachablösung: Diensteinteilung, kurze Besprechungen oder Bekanntmachungen, Überprüfung von Fahrzeugen, Gerätschaften und der persönlichen Schutzausrüstung.
- **7.45 – 9.00 Uhr:** Ausbildung und Übung in Form von theoretischem Unterricht oder praktischen Übungen – denn die Handhabung der Geräte und der schnelle, effektive Einsatz wollen gelernt sein. Am Samstag findet eine ausführliche Fahrzeug- und Geräteprüfung bis zur Frühstückspause statt. Deshalb finden an diesem Tag, genau wie an Sonn- und Feiertagen keine Übungen statt.
- **9.00 – 9.30 Uhr:** Frühstückspause.
- **9.30 – 12.00 Uhr:** Arbeitsdienst. Das bedeutet, dass die Beamten in ihren Werkstätten, Büros oder anderen Bereichen der Feuerwache nötige Arbeiten durchführen. Samstags ist Dienstsport.
- **12.00 – 13.00 Uhr:** Mittagspause.
- **13.00 – 15.00 Uhr:** Arbeitsdienst.
- **15.00 – 17.00 Uhr:** Dienstsport oder Arbeitsdienst.
- **17.00 – 07.30 Uhr:** Bereitschaftszeit in der Feuerwache. Die Kollegen können bis zum Feierabend die Zeit auf der Feuerwache frei gestalten. Jeder Beamte hat auch ein Bett, in dem er nachts bis zum Dienstende ruhen kann, vorausgesetzt es kommt kein Alarm dazwischen.

Tagesleuchtrot leuchtet auch tagsüber.

In der Fahrzeughalle hat jedes Fahrzeug seinen Stammplatz, an dem es mit Strom und Druckluft versorgt wird.

In der Kriechstrecke wird die Personenrettung mit einem schweren Dummy geübt.

Rekord

20 Meter

hoch ist der Übungsturm zum Klettern und Abseilen in der größten deutschen Feuerwache in Berlin.

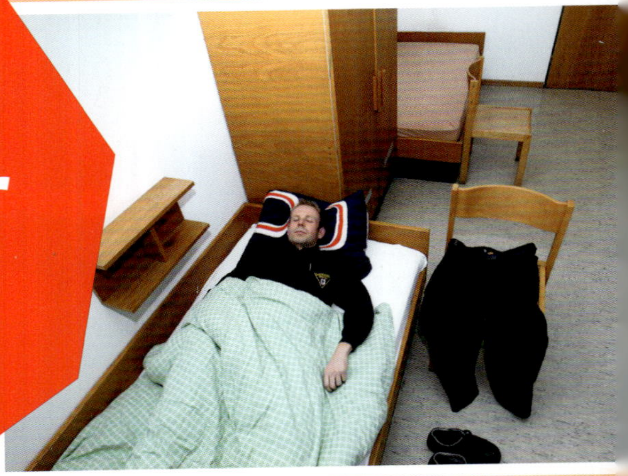

In 24 Stunden möchte man auch mal schlafen. Dafür sind Ruheräume mit Betten da.

Trainieren an der Endlosleiter.

Mit dem Atemschutz durch die enge Röhre auf die Plattform zu klettern, erfordert Geschicklichkeit.

Im Waschraum: Nach jedem Einsatz reinigen sich die Feuerwehrleute von Rauchpartikeln und Schmutz.

Es muss auch im Rauch klappen!

Blitzschnell müssen die Feuerwehrleute in ihre Schutzkleidung springen. Deshalb muss jeder in seinem Spind Ordnung halten.

Die Bereitschaftszeit verbringen die Feuerwehrleute in den Aufenthalts- und Ruheräumen.

Nach dem Einsatz werden die Schläuche in der Schlauchwaschanlage gereinigt …

… und im Schlauchturm zum Trocknen aufgehängt.

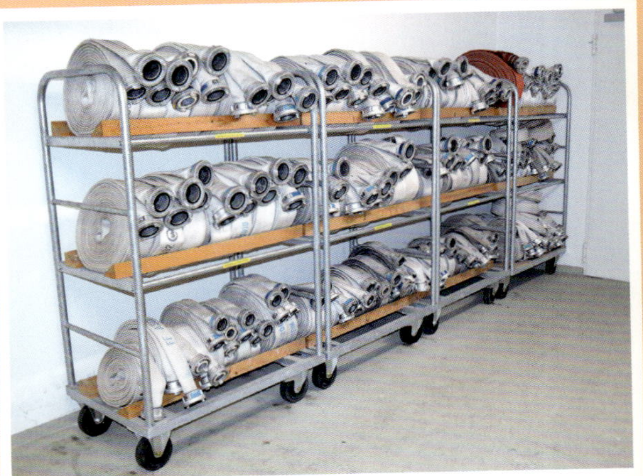

Die gereinigten und getrockneten Schläuche kommen zurück in das Schlauchlager.

Feuerwehr international

Der Maschinist arbeitet bei diesem amerikanischen LF an der Seite.

Wo es Feuer gibt, da gibt es auch Feuerwehren – rund um den Globus! So unterschiedlich sie auch sind, alle haben ein gemeinsames Ziel: Brände zu verhindern und zu bekämpfen.

Die Firefighters in den USA

Spektakulär sehen sie aus, die Fahrzeuge US-amerikanischer Feuerwehrleute. Die Firefighter haben alle Hände voll zu tun. Alle 75 Sekunden wird die Feuerwehr in den USA und in Kanada zu einem Haus- oder Wohnungsbrand gerufen. Ein Grund dafür: In den Vorstädten und auf dem Land bauen die Amerikaner ihre Häuser oft aus Holz. Die National Fire Protection Association (NFPA) verzeichnet jährlich 2,5 Millionen Brände. Sie ist die größte Brandschutzorganisation der Welt und klärt die Öffentlichkeit unermüdlich über Feuergefahren auf. Ihrer Arbeit ist es zu verdanken, dass in den USA so viele Rauchmelder in Wohnungen und Häusern installiert sind.
Weltberühmt ist das Fire Department New York (FDNY). Mit über 200 Feuerwachen beschützt es gut acht Millionen Bürger. Während in deutschen Großstädten die Einsatzkräfte in wenigen Feuerwachen gebündelt sind, ist es in New York sinnvoll, Feuerwehrleute und Fahrzeuge über das ausgedehnte Stadtgebiet zu streuen. Die nach Tokio größte Feuerwehr der Welt bewältigt an manchen Tagen bis zu 3000 Einsätze.
Bei den Anschlägen vom 11. September 2001 verloren 343 Firefighter des FDNY ihr Leben. Sie gehören zu den Helden der Stadt. Alljährlich im Juni ehren die Amerikaner am »Firemen's Memorial Sunday« alle im Dienst tödlich verunglückten US-Feuerwehrleute.

Feuerspringer: Hals- und Beinbruch

Weitab von Siedlungen und Städten riskieren die Smokejumper (Rauchspringer) Kopf und Kragen, wenn es darum geht, Waldbrände einzudämmen. Im Sommer trocknen die weitläufigen Wälder Nordamerikas aus: Höchste Alarmbereitschaft für die Forstverwaltung und die 350 Feuerspringer. Wird Rauch gemeldet, setzen sich die Feuerspringer ins Flugzeug und springen mit dem Fallschirm in der Nähe des Brandherds ab. Im Feuergebiet sind die 16-köpfigen Mannschaften auf sich gestellt. Bewaffnet mit Äxten, Sägen, Hacken, Schaufeln und Handpumpen, sogenannten Wildland Tools, graben sie den Waldbränden den Weg ab. Bei jedem Einsatz dabei: ein Iglu aus Aluminium. Es widersteht dem Flammenmeer, in dem Temperaturen bis zu 900 Grad Celsius herrschen.

Sparky

Ihn kennt in Amerika jedes Kind: Sparky, der Feuerwehr-Dalmatiner mit den vielen lustigen Punkten, ist das Maskottchen der National Fire Protection Association (NFPA).

Löscheimer für den kleinen Erstangriff.

Name: Big Ernie
Lieblingsfarbe: Feuerrot
Hobbys: Brennen und Explodieren

Waldbrand mit hohen Flammen.

Buschfeuer in Down Under

In Australien, dem trockensten Kontinent der Erde, gehören Buschfeuer ganz normal zur Natur: Einige Pflanzenarten, zum Beispiel der Eukalyptus, können nur durch die Hitze des Feuers ihre Samenhülsen öffnen. Oft kommt es aber auch durch vorsätzliche Brandstiftung zu Katastrophen. Die Australier geben Buschfeuern eigene Namen, wie »Red Tuesday Bushfires«. Die »Black Saturday Bushfires« zerstörten 2009 im Bundesstaat Victoria eine Fläche, die so groß war wie das Saarland. Obwohl Tausende Feuerwehrleute gegen die über 60 einzelnen Feuer kämpften und selbst aus dem benachbarten Neuseeland Unterstützung anrückte, kamen 173 Menschen ums Leben und 1 800 Häuser brannten nieder.

Wendig auf vier Rädern

In den verwinkelten Gassen von Kairo, der 7-Millionen-Hauptstadt Ägyptens, braucht man ein besonderes Löschfahrzeug: das All Terrain Vehicle (ATV). Das aufgerüstete Quad verfügt über eine Impulspistole für einen drei Meter breiten Wasserstrahl, einen 50-Liter-Wassertank, eine Druckflasche und einen 55 Meter langen Schlauch.

Big Ernie, es gibt Leute, die behaupten, Sie seien ein Landei. Wie fühlen Sie sich dabei?

Landei, ich? Das kommt wohl vom Flashover. Dieser Taugenichts ist sich für kein miefiges Wohnzimmer zu schade.

Wie sehen Sie sich selbst?

Ich bin der Gebieter des Höllenfeuers, der Zerstörer der Wälder.

Ah ja. Sie waren noch nie in der Stadt, worüber niemand besonders traurig ist. Was hält Sie im Wald?

Städte sind mir zu poplig, keine frische Luft, die mich anfacht, zu viel Beton, zu viel Stein. Meine 100 Meter hohen Flammen fressen Bäume, Bäume und noch mal Bäume – wie eine Tüte Chips. Hier kann ich mich entfalten. Der Wald ist mein Revier.

Wie sehen Sie die Einsätze der Feuerspringer?

Feuerspringer? Kenn ich nicht! Wer soll das sein?

Das sind die Fallschirm-Feuerwehrleute.

Ach, diese Hüpfer in Alufolie – etwas nervig! Manche haben mir doch glatt schon den Boden unter den 850 Grad Celsius heißen Sohlen abgegraben. Unglaublich!

Tokio – Stadt des Feuers

Tokio hat weltweit die größte Feuerwehr. Rund 45 000 Freiwillige und Berufsfeuerwehrleute wachen über die am dichtesten besiedelte Stadt der Welt. Sie rücken rund 2 200-mal täglich aus. Wegen der Erdbebengefahr wohnen die Japaner in leichten Holzhäusern, die äußerst brandgefährdet sind.

Glossar

Der Einsatzleitwagen ist bei jedem Einsatz mit dabei.

Alarmschreiben: Ein Schreiben, in dem die wichtigsten Punkte für einen Feuerwehreinsatz auftauchen wie Adresse, Anfahrt und Fluchtwege. Jedes Fahrzeug, das zu einem Einsatz ausrückt, erhält ein Alarmschreiben. So wissen alle Beteiligten, wohin es geht und wie die Situation vor Ort aussieht.

Alarmstufen: Man unterscheidet sieben Alarmstufen. Sie hängen vom Ausmaß eines Brandes und von der Anzahl der beteiligten Personen ab. Die niedrigste Alarmstufe ist der Kleinbrand, die höchste der Katastrophenalarm.

Disponent: Beamter, der in der Einsatzleitstelle arbeitet. Er nimmt Notrufe entgegen und löst Alarm in der nächstgelegenen Feuerwache aus.

Drehleiterfahrzeug (DLF): Fahrzeug, das mit einer Drehleiter (DL) zur Personenrettung ausgestattet ist. Sie kann beliebig ausgefahren und gedreht werden. Manchmal ist an ihr noch ein Rettungskorb befestigt (DLK).

Einsatzleitrechner: Computer in der Einsatzleitstelle. Er ermöglicht es, die nächstgelegene Feuerwache zu finden und das Alarmschreiben an den dortigen Drucker zu senden.

Einsatzleitstelle: Hier gehen die Notrufe ein. Mehrere Disponenten kümmern sich dann um die Weiterleitung an die Feuerwachen. Es gibt Feuerwehrleitstellen, die nur für die Feuerwehr zuständig sind, und Integrierte Leitstellen. Hier werden auch Polizei und Rettungswagen angefordert.

Einsatzleitwagen (ELW): Von diesem Fahrzeug aus kann der Einsatzleiter alle Maßnahmen am Brandort steuern. Weil er den Überblick behält, kann er eine Taktik festlegen. Die teilt er dann seinen Kollegen über Funk mit.

Feuerlöschkreiselpumpe: Eine Pumpe, die mit dem Motor des Löschgruppenfahrzeugs (LF) betrieben wird. Sie sorgt für den nötigen Druck des Löschwasserstrahls bis zu den Flammen.

Flashover: Der Moment, in dem sich ein Gebäudebrand schlagartig ausbreitet. Die Wärme der Flammen staut sich durch den Rauch und die Temperatur steigt. Alle Gegenstände im Raum erreichen ihre Zündtemperatur und gehen explosionsartig in Flammen auf.

Gerätewagen (GW): Fahrzeug, in dem zusätzliche technische Geräte zum Einsatzort transportiert werden. Außerdem finden einige Feuerwehrleute Platz darin. Es gibt auch spezielle Gerätewagen, wie zum Beispiel zur Tierrettung (GW-T) oder zur Beseitigung von Ölverschmutzungen (GW-Öl).

Hydrantenschlüssel: Werkzeug, mit dem die Feuerwehr den Verschluss an einem Hydranten löst, um an das Löschwasser zu gelangen.

Löschangriff: So heißt es, wenn die Feuerwehr ausrückt, um einen Brand zu bekämpfen. Löschangriff ist also ein anderes Wort für Löscheinsatz.

Löschgruppe: Team von neun Feuerwehrleuten. Es besteht immer aus einem Maschinisten, einem Melder, einem Gruppenführer und drei Trupps mit jeweils zwei Mann.

Löschgruppenfahrzeug (LF): In diesem Fahrzeug finden neun Feuerwehrleute Platz. Es rückt zusammen mit anderen Fahrzeugen im Löschzug aus und bietet viele Hilfsmittel für die Arbeit der Feuerwehr – und einen großen Löschwassertank.

Löschzug: Gruppe von mehreren Fahrzeugen, mit denen die Feuerwehr zu einem Löschangriff ausrückt.

Netzwasser: Gemisch aus Schaummittel und Wasser, das zum Löschen verwendet wird.

Nutzfeuer: Ein Feuer, das einen Nutzen für uns hat und kontrolliert brennt – wie zum Beispiel beim Heizen oder Kochen.

Rettungsschere: Hydraulisches Schneidegerät für die Rettung und Bergung eingeklemmter Personen.

Rettungsspreizer: Gerät zum Aufbiegen und Spreizen von verformten Wrackteilen. Eingeklemmte Personen können so befreit werden.

Rüstwagen (RW): Fahrzeug, das technische Ausrüstung der Feuerwehr enthält. Der Unterschied zum Gerätewagen (GW) ist, dass die Hilfsmittel zum Teil fest im Wagen verankert sind.

Schadenfeuer: Ein Feuer, das außer Kontrolle gerät und unser Eigentum oder sogar unser Leben bedroht. Der üblichere Begriff dafür ist Brand.

Sprungpolster: Hilfsmittel der Feuerwehr zur Personenrettung. Aus 16 Metern Höhe kann man aus einem brennenden Haus springen und landet sicher auf dem Sprungpolster.

Tanklöschfahrzeug (TLF): Fahrzeug mit einem großen Wasserspeicher. Die Feuerwehr bringt so ihr eigenes Löschwasser mit, falls es am Brandort kein Wasser gibt.

WAS IST WAS
Band 114

Bildquellennachweis: Archiv Tessloff Verlag: 2or, 3ur, 8mr, 9ml, 9u, 12o, 12u, 12/13, 16/17, 20or, 21o (2), 33o, 33ul, 36or, 36u, 39o, 41o, 43 (3), 44or (2), 44m (2), 44ur (1), 45ol, 45ml, 45u (3), 48, Bayernonline: 25mr, Berufsfeuerwehr München: 14/15, 19o (2), 27ol, 27m, 4ul (2), Daimler Chrysler: 24 (Hg.), 46ul, DLR: 29or, Dt. Feuerwehrmuseum: 22o, Dt. Feuerwehrverband: 3or, 26or (Warenzeichen 978940), Dt. Jugendfeuerwehr: 40m, Feuerwehr München: 34ol, Fotolia: 4m (G. Seybert), 15mr (B. Nolte), 15ur (I. Bartussek), 20mr (Gewoldi), 20m (R. Angermayr), 31or (D. Heuer), 40ol (Schulz-Design), 40or (T. Hemmann), 42o (B. Nolte), Getty: 7mr (CZQS2000 / STS), 38mr (T. Krüsselmann), 47u (J. Kimura), iStock: 7 (Hg. - A. Chernyakov), 10o (valterdias), 11 (Hg. - K. Mayer), Leitstelle Nürnberg: 8o, Lukas: 33 (4), Magirus: 25ur, 32or, 32u, MAN: 35ol, Metz: 18, Minimax: 24o, 24mr, 25ul, Picture Alliance: 2ml (J. Büttner), 6mr (P. Seeger), 6 (Hg. - J. Büttner), 7ol (R. Haas), 7om (S. Jansen), 7or (H. Schmidt), 8ul (F. Peljak), 9o (F. Gentsch), 11ol (M. Führer), 11or (P. Seeger), 14ul (P. Endig), 15m (A. Warmuth), 19mr (A. Heimken), 19ur (M. Becker), 20ol (P. Förster), 21ml (J. Lübke), 21m (M. Müller), 23o (M. Führer), 24ur (akg-images), 26 (Hg. - W. Rüh), 27or (Berufsfeuerwehr München), 27ul (R. Jensen), 29 (Hg. - M. Neubauer), 29u (DB J. Stratenschulte), 31ol (K. Hildenbrand), 31m (H. Spies), 34or (D. Reinhardt), 35m (H. Lossie), 36o (H. Schmidt), 37ul (M. Norz), 40ul (D. Ebener), 42 (Hg. - P. Seeger), 44ur (M. Führer), 45or (F. May), 45mr (M. Führer), 46 (Hg. - Barrett & MacKay), 47or (R. Jensen), pixelio.de: 20ul (F. Betz), 27ur (Tschi-Em), 38ul (R. Sturm), Shutterstock: 30or (Regien Paassen), 31u (Martin Kucera), 38or (Arcady), 47ol (smikeymikey1), Thinkstock: 10r (Holz - Dina Trifonova), 10r (Metall - Johann Helgason), 10r (Gas - Nadezhda Belogorskaya), 21 (Hg. - kzenon), 34 (Hg. - Ranieri Meloni), 38m (Comstock), 46or (james steidl), 46ur (Jim Parkin), Thoms, Axel: 19ul, TZI: 13or, Wiki: 2ur (Eimer - PD), 25or (Docteur Ralph), 25ml (PD), 25m (C. Will), 28ul (M. Mertens)

Umschlagfotos: U1: Tack, Jochen,
U4: Getty Images (T.Murphy)

Gestaltung: independent Medien-Design

Illustrationen: inklink

Burgschmietstraße 2–4, 90419 Nürnberg

www.tessloff.com

ISBN 978-3-7886-2037-0

FSC www.fsc.org MIX Papier aus verantwortungsvollen Quellen FSC® C095359

Der Mensch
Chemie
Entdecker und ihre Reisen
Die Sterne
Das Mikroskop
Der Urmensch
Insekten
Bäume
Meereskunde
Erfindungen
Polargebiete
Computer und Roboter
Mechanik
Elektronik
Luft und Wasser
Der menschliche Körper
Das Auto
Die Eisenbahn
Eiszeiten
Fossilien
Piraten
Heimtiere
Naturkatastrophen
Fahnen und Flaggen
Höhlen
Mumien
Ritter
Brücken und Tunnel
Zauberer, Hexen und Magie
Kriminalistik
Bären
Bauernhof
Bionik
Bergbau Schätze der Erde
Klima
Deutschland